路向

DIRECTIONS

增訂版

伍成邦
陳曉蕾
蘇美智
鄭美姿 合著

路向 統籌

DIRECTORY 目錄

序一：
尋找人生路向

周一嶽醫生 / 前食物及衞生局局長

seeking one's direction in life

細閱《路向》記載的八位生命鬥士的故事，大家可以更深入了解殘疾人士的生活點滴，明白到他們如何為實現理想而加倍努力，最終創出驕人成績。他們的經歷告訴我們，不管面對怎樣的挑戰，只要保持積極的態度，懷着堅定的信念，永不言棄，就必定能夠衝破障礙，活出豐盛人生。

二十多年來，路向四肢傷殘人士協會一直秉持這種精神，致力推動殘疾人士自助互助，發揮潛能，並鼓勵他們以積極的態度投入生活，尋找人生路向。

身體的殘障，並不能阻礙思想翱翔；行動如何不便，也無法桎梏活出精彩人生的盼望。希望大家讀畢《路向》一書後，能與書中主角一樣，憑着堅毅不屈的鬥志，找到人生路向，昂首勇往直前。

二零一一年十一月

序二：將不可能變成可能

口述：羅蘭／演員　筆錄→蘇美智

making the impossible possible

參與路向四肢傷殘人士協會的活動，已有十數年了。我忘了當初是誰引領我來的，卻清楚記得一九九八年的山頂步行籌款。我一面緩緩地跟着輪椅車隊繞山行，一面聆聽他們説一位路向朋友的故事——他跌落泳池撞傷頭部，從此四肢癱瘓，但他沒放棄，還得到一位護士的愛慕。二人排除萬難，最終走在一起。

我好感動。在電視和電影演過很多悲歡離合，都不及真實的愛情動人。此後，每逢「路向」邀請，我只要能抽出時間的，都來。於是我認識了很多「路向」朋友，有阿大（李遠大）、祥仔（羅偉祥）、奸仔（何偉強）……每次見面，在他們當中轉來轉去，和這個拍拍照，和那個談兩句，很開心。

他們有時令我好痛心。譬如，某年團年飯，我特別留意餐桌對面一個長得很美的女孩，好生好奇她為何不像大家一樣找我合照。我主動走過去，方才發現她的輪椅上沒有雙腿，原來是交通意外惹的禍，真教人傷感。

不過，和路向朋友相處，感受更深是他們的生命力。二十周年晚會上，看到十位路向成員組成的無音樂伴奏合唱團上台表演，我好驚訝，真想不到他們這樣厲害。另一次，我帶一位朋友的公司員工認識「路向」，知道「路向」朋友還會到醫院探望病人、鼓勵病人。在他們身上，不可能的都變可能了。

有些人四肢健全，遇困難卻唉聲嘆氣。但我認識的許多「路向」朋友，雖然身體殘缺，卻精神富足，從不輕言放棄。當然，每個人的動力不同，可是每次見到他們，我都不斷跟自己說，不辛苦不辛苦，我做人一點也不辛苦。

能幫人是福氣。我覺得，在這裏做義工，我得到的更多。

二零一一年十一月

序三：
誰人無缺

蘇樺偉 / 殘奧運動會金牌得主

no one is perfect

我剛到世界還不到二十四小時，醫生便診斷我患有痙攣及弱聽，但我比一般人幸運，在我的生命中有媽媽及家人一直照顧及鼓勵，並遇上了我的啟蒙教練，令我可以踏上頒獎台，為香港奪取金牌。

毅力、堅持、信心、積極的態度，都不是我所獨有的。書中各人都是四肢殘障，要克服的事情比我更多。他們當中有些曾經擁有四肢健全的身軀，可以活動自如。面對着身體突如其來的驟變，需要更多勇氣，更多毅力，更多信心才可以克服這心理關口。而那些天生四肢殘障的朋友，我更加佩服，因為他們從小已不能跟四肢健全的人一樣自由活動，面對的困難，可想而知。

看似很細小的一件事，但其實都不簡單。

都市人經常自怨自艾，物質生活很難滿足人的慾望，但有否想過，一件小事，如到離島的沙灘已經是一件畢生難忘的事？這是我從書中其中一位主人翁的故事中看到的。對於四肢健全的人來說，乘船到離島，要克服的最多可能就是暈船浪。但對於四肢殘障的人來說，去離島除了要排除萬難，乘坐各種交通工具，更要依靠途人的自發幫忙才可向前行，抵達離島，可能已花了整天時間。我深深被他的毅力所感動，亦鼓勵了我要更積極練跑！

家人及朋友的支持固然重要，但社區人士的協助與關懷更是融入社會的關鍵。在沒有電動輪椅的年代，四肢傷殘的人都需要靠其他人幫忙推動輪椅；現在有電動輪椅了，能夠負擔的人便可自行操控。但面對樓梯門檻等設施，始終需要其他人協助的。我希望看過《路向》的人，除了會被其故事感動外，更會踏出多一步，自發幫忙身邊需要協助的人。

《路向》中各人故事不同，各有着刻骨銘心的回憶。在此祝願路向四肢傷殘人士協會有更美好的發展，幫助更多四肢殘障人士，令他們的生活有更光彩的一頁。

二零一一年十一月

序四：
敢愛敢做

李遠大／前路向四肢傷殘人士協會主席

dare to dare to love

路向四肢傷殘人士協會成立二十年了，裏面有很多義工、會員、顧問、職員，不離不棄，從加入起也未曾離開過，他們不單認同協會工作方向，更希望大家的正面人生觀，可以輯錄成書。今天《路向》一書集各方朋友支持下，最終排除萬難，一圓出書的夢想。

大概在一九九四年，我加入了路向四肢傷殘人士協會，是一個由四肢傷殘人士組成的自助組織，以自助、互助的形式推動會務，為會員在受傷後建立有意義的生活。

能夠加入「路向」，令我的生活多了一份使命感。很多社會人士都以為傷殘人士受傷後只能夠成為受助者，依賴社會。但事實上，大部份傷殘人士即使是肢體殘缺，仍可以展露出色才能。我很認同「路向」的理念，以自助及互助形式，令傷殘人士重返社區生活，發揮潛能，回饋社會。

我曾經接觸過不少朋友，他們都覺得，受傷後的人生就等於走到盡頭，看不見前景，看不見天空。但我和其餘七位「生命鬥士」都堅信，受傷只是前路有障礙物阻擋去路，只要嘗試一下向左走向右走，即使路途比一般人來得遙遠，但光明大道，一定是可以達到的。只要敢想、敢愛、敢做，生活依然充滿盼望，仍然可以有家庭、有學業、有精彩的人生。

這本書，將各位生命故事的積極信息帶出來，用生命影響生命，期望社會明白，傷殘人士並非只是受助者。八位四肢傷殘人士的寫照，正好與路向四肢傷殘人士協會的理念一脈相承。

子微的不屈不撓，毓青的重投社會，祥仔的堅定不移，通仔的樂天知命，詩敏的「大限」競賽，詹家德的活着奮鬥，都代表着四肢傷殘人士對人生依然充滿盼望，我們並不一定是受助者，我們對人生仍然有目標，而且敢愛敢做。

正因如此，自二零零零年起「路向」推展生命教育工作，與學生及公眾分享四肢傷殘人士衝破難關的故事，鼓勵遇到挫折的朋友逆境自強，在社區宣揚正能量。多年來，我們已經到訪超過一千間大、中、小學及社會團體，接觸到的朋友亦多達十萬人次。

每個人都有自己的道路，每個人的道路都不一樣，人生的道路總是崎嶇不平，有高低起伏才是精彩的人生，最重要是要認清自己的路向和態度，那就能體驗喜怒哀樂所帶來的人生感受。

人生一定要有路向，這也就是《路向》書名的由來，正因為每個人生故事、道路、方向都不一樣，這才可以構成這個世界美麗的圖畫。希望各讀者閱畢本書後，對你的人生也有一點啟發，也能尋求正確的人生方向。

在此，多謝劉德華先生，認同「路向」多年來的理念和方向，特意親筆為本書封面題字，令本書蓬蓽生輝。另外，亦要感謝「愛心聖誕大行動」及各方朋友的支持。

二零一一年十一月

ROUTE 01 嚴楚碧

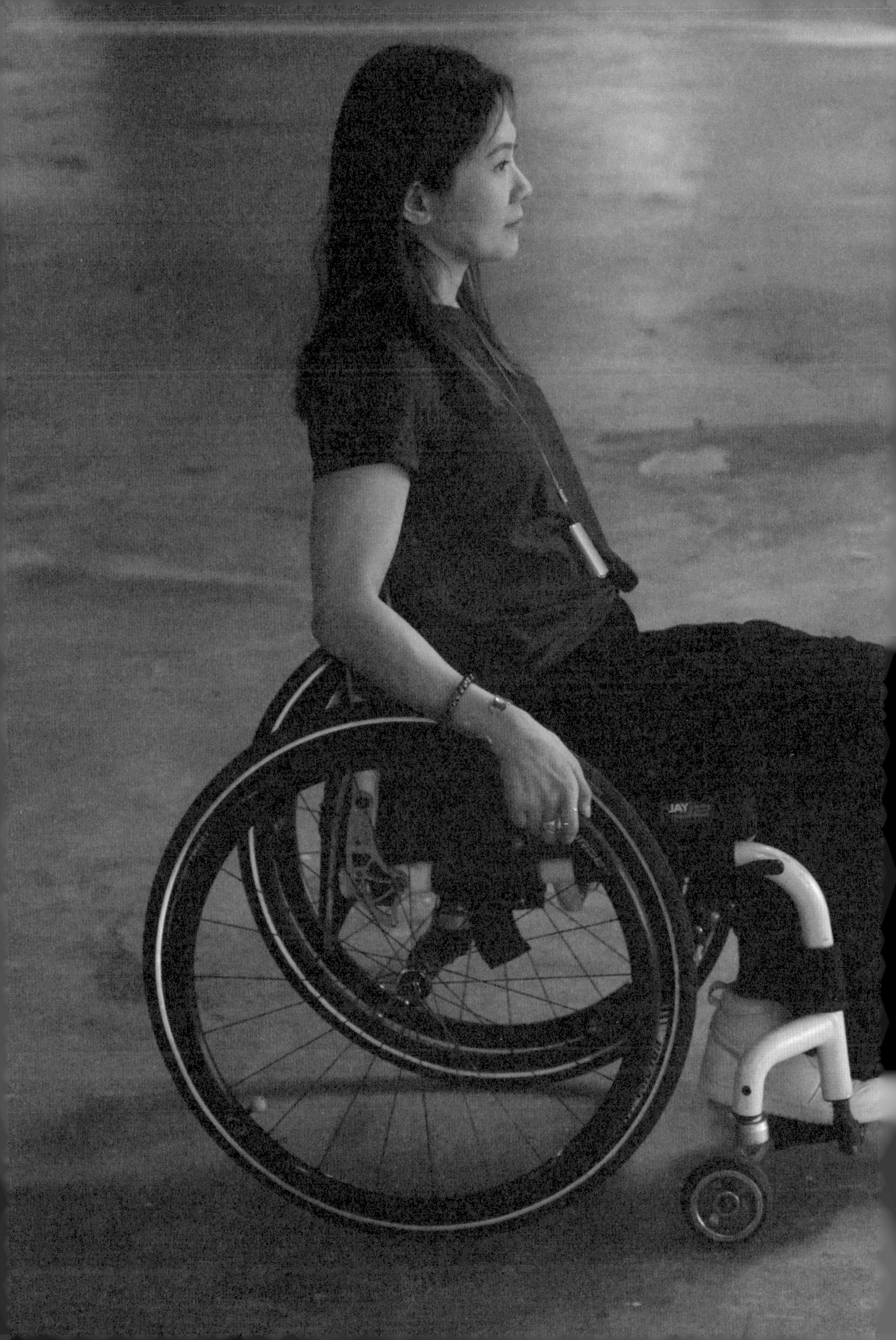

要記住真正的自己

嚴楚碧

I won't forget about me

文 → 鄭美姿

那一次車禍，發生在她廿幾歲時，二月十四號。她說：「每次訪問都要講一次，的確講到膩。情節好dram（dramatic戲劇性）：巴黎、男友、情人節、撞車，太搶眼了。但講得多，連我自己都覺得好假。你覺唔覺？」她說完，大笑。我聽完，笑不出來。除了她自己，誰有資格拿一場造成頸骨「全部碎晒」的意外來講笑？

她的聲音仍帶笑意，續說：「我講講吓會諗：哎，這真是我來的嗎？」

這真是「我」來的，這個「我」叫嚴楚碧（Rabi），頸椎神經嚴重受損，全身癱瘓。「路向」對上一次出書是十年前，當時的主席李遠大說：「Rabi，你個故事一定要放入去啦！」「我」卻極度抗拒：「不要！」

如今「路向」第二次出書，嚴楚碧當上了主席，那個巴黎、男友、情人節、撞車的故事，會用它自己的說法，放入這本書裏面。唔dram、唔搶眼，異常真實，但讓她記住了真正的自己。

←

巴黎九十三區的回憶

Rabi開車，帶我去將軍澳一間露天咖啡店做訪問。她長髮、化了淡妝、穿一條半截長裙，坐一張輕便的手推輪椅，癱瘓的雙手，她竟練出了臂力。藍天、樹香、棗紅地面的單車徑，看在眼裏，是一幅風景拼圖。我叫了一杯加冰的黑咖啡，苦而且澀，當她點的那杯蘋果綠色沙冰上桌時，我衝口而出：「嘩，你好少女。」她先是一臉尷尬，但望望我那杯齋啡後，大抵也認同了，噗哧一聲笑出來。

她的故事，就由少女的十九歲説起，那段日子是她的水果沙冰。

Rabi獨自離港，留學法國。她對上有阿哥，對下是弟弟，按她的形容，由澳門來港定居的媽媽懼怕九七，一九八九年後見勢色不對，極想一家移民外國，更為此跟丈夫鬧翻。最後移民難成，她遂用盡方法替子女申領葡國護照，「媽一定要送走我哋三個，這本護照簡直是禮物。」

阿哥去瑞士、弟弟去加拿大，自幼習畫的Rabi決定要到巴黎唸設計，惟爸爸嫌藝術沒前途，開始時拒絕資助女兒，「我在香港打工，儲到三萬八千蚊後，就買機票走。」那是九十年代初，一個女仔去法國叫母親非常憂慮，她用其師奶精神四出打聽，想替女兒找個水泡。最後她竟結識了「隔籬屋的補習老師的阿嫂」，而這個阿嫂的哥哥又於巴黎開餐館，「哈哈哈，真係好黐線。」

這麼黐線的緣份，填飽了少女思鄉的肚皮。Rabi第一日落機，就是這個隔籬屋的補習老師的阿嫂的哥哥，吩咐其上了年紀的父親，還帶着八歲幼孫，一老一嫩，把這

大學期間，Rabi常跟朋友四圍遊歷，圖為法國波爾多附近的比拉沙丘Dune Du Pilat。

個陌生的香港少女，從戴高樂機場送到巴黎第一區的日本料理餐廳。「這個巴黎香港人uncle後來很喜歡我，因為我腳頭好，第一日去到他餐館，他們生意旺到不得了。」

Uncle曾在日本學師，早年移民巴黎開店，兩個大兒子跟Rabi年齡相仿。這家用原木裝修的店子，名字叫Sharakou，是好多香港留學生的聚腳地，有着一屋子溫暖，「我逢星期五放學就去圍爐，巴黎第一區等於旺角，會碰上好多留學生。Uncle次次問我食飯未，我就可以黐餐。食壽司喎！對我來說多麼奢侈。」

在這個自由的國度裏，她更跟一個香港人耳熟能詳的民運人士，有過一面之緣。當時他們各自跟朋友一起，那位八九年春夏之交後，被迫流亡海外的民運領袖，得知Rabi是香港人後，用普通話問了一句：「你今年多大？」她答廿四歲，至今仍深刻記得對方這樣回應：「噢！你二十四？我前妻八九年時，也是二十四歲，可你真的看不出來！」

他跟前妻同樣是遭內地通緝的民運領袖，經香港逃命至法國，對香港人有種特殊感情。Rabi說，當日這場偶遇，確實令少女的她有所反思，「我只是追求自己的夢想，但他們卻是追求國家民主的大事，但覺香港人的幸福。當然，經過去年的社會運動後，現在回想這事，更是百般滋味在心頭。」

受傷後兩年，Rabi跟父母和兄（右）弟（左）到赤柱遊玩，此時她剛經歷厭食症。

在法國唸了兩年法文後，她考上大學唸視覺藝術，住在巴黎邊緣的九十三區黑人區。她不是那種正正經經只行大路的人，還真有種藝術人的放浪氣質。想賺錢，她就去聖母院擺檔賣畫，朋友賣水彩畫，她懶，賣板畫，「水彩畫賣貴一點，但賣完後要花幾日再畫。賣板畫輕鬆多了，只需做一個倒模，就可無限複製。」一幅畫賣三十幾法郎，賺到就花，「走鬼就走，沒有枷鎖，我好鍾意這種生活。」

「我在法國窮得好開心，有時變賣傢俬，就拿去食餐好的。」她是俠女，自恃有葡國護照，地位優越，就常常替持海外護照的留學生簽單租屋，省卻很多保險證明，以解人燃眉之急。她主意很多，曾伙拍男朋友，在台灣留學生的圈子，提供「uber式」接送服務，好賺取生活。為了省錢，她住過屋租特平、不連廁所的閣樓房。屋子裏的狀況，有點揾朝唔得晚的亂象，諸如工作桌由兩個垃圾桶加一塊木板組成，「我不坐凳，咁多年來做嘢都喜歡坐地板。」斯是陋室，她甘之如飴。

執拾回港那天，她望住一間爛屋，曾對自己說過這句話：「原來真係冇嘢會難到我。」

好好記住法國的自己 ←

Rabi的媽媽害怕內地接管香港，但求子女一輩子好好的在他鄉生活。承載了媽媽重重期許的女兒，卻在法國度過六個年頭之後，突然決定回港。「也許窮得太耐，我萌生了一種事業心，想發展、衝刺自己的事業。」在法國明明有一個要好的男朋友，他香港出世、法國長大，比她小兩歲，「有少少一時意氣，他當年未畢業，又沒對我作任何承諾，我突然就變得很現實，覺得這樣下去沒意思。」她說走就走，表面上撇脱；回港後依舊常常跟他煲電話粥，大家其實也沒有分手的意思。

一九九六年是香港移民潮的高峰期，Rabi卻回流返港。「在法國的我好敢言的，與人辯論，獨立自信。在香港的我，不是我自己。再次面對屋企老問題，父母關係差，常常家嘈屋閉。」她在design house找到工作，開始新生活，但心裏仍記掛巴黎，翌年夏天就買機票「回家」。一九九八年初，正值她人生混沌、感情不明之時，「我對愛情沒有信心，跟法國男友分隔兩地，感情難維繫。中間有個男生瘋狂追求我，及後才發現他是情場浪子，我是他第N個獵物。」緊接着又有人介紹她結識另一男生，雙方算是交往了三個月。

廿幾歲的她，長得漂亮，穿戴時尚，說一口流利法語，招來很多狂風浪蝶；但內裏她卻心緒不寧，沒覺得被愛，連拍拖也覺得行禮如儀。「二月十四號情人節，他date我，開一架車、送一大束花，搞了一場大龍鳳，我們一起去了個晚餐聚會。但我其實好怕這些大堆頭，況且我們又不是熱戀。」半夜十一點幾，男生開車送她回住處；但意識再回來時，Rabi已躺在威爾斯親王醫院，眼前竟然看見媽媽，站在她的床邊。

再說起當年這一幕時，Rabi很少提到「自己」。她自己痛苦嗎？絕望嗎？想死嗎？陷入一片泥沼裏頭，她首先看到的，是母親的怒火，像火山的熔岩，一直燒一直冒出煙。「我媽好嬲，她指控男仔殺咗人，她不停loop狂鬧他。她的反應好激烈，後來甚至有幻覺，覺得那男仔來醫院搞我。」

那個男生堅持這是意外，沒人預料得到，為何眾人只怪罪於他？躺在床上的Rabi自己，只感到四肢不能動彈，醫生的講法是「頸骨碎晒」，但她卻連車禍的來龍去脈也全不知情。作為一個最大的受害人，她看見了各人的反應，但看不到事件的真相，「我媽好痛苦，她不能再望多那男仔一眼。而那時候，我的想法好恐怖，我刻意讓他來醫院探望我，因為我要知道真相。我想知道關於車禍的全部細節，我希望在我們兩人獨處時，他會講真話畀我聽。所以……」所以，對着他，Rabi從沒表現出嬲怒，就是怕觸怒他。

每次男生到醫院探望，她都想盡辦法藉機探問，「他才逐少、逐少透露畀我聽。」

她內心好多問號，好多細節不明不白，「他送我回家時十一點幾十二點，撞車時一點，但我阿媽收到電話時是五點。點解我會清晨先被送去醫院？點解會咁？是他以為我會醒返，想等多陣先報警，然後我流血愈來愈多……」

如此委屈，卻無人明白。母親誤會她仍談情說愛，連女兒都一併怪責起來，「媽覺得我被他害成咁，仍要見他，仲講愛情。她的幻覺和幻聽愈來愈嚴重，我要因此轉院。轉個環境，是希望媽媽會好一點。去到那個位，我只能叫他不要再來。」

那一場在大埔公路發生的車禍，上了報紙新聞。她重傷，給送到深切治療部，幾乎死去，最後被救回來。她頸骨全碎、頸椎神經重創，胸部以下身體全無知覺，手腳不能動彈。醫生把她當成全癱病人那樣，去跟家人囑咐交代。終於她亦跟那個男生對簿公堂，撤查車禍責任誰屬。

「我知他開車時睡着了，但他不承認。在庭上他推卸說唔識路，車子又輾到碎石。」也有消防員做證人，指那條路的路面平滑，「如果他是打瞌睡開車，就是危險駕駛，若有石仔呢，則是意外，只是不小心駕駛。」

男生沒有講出真相，「他都係自保，我好失望。」他被法庭判定為不小心駕駛。

而她呢？「我覺得自己人生因為愛情而被毀滅，因為自己去追求想要的愛情，就搞到自己咁。我直頭不想再掂

一九九七年八月，受傷前半年，Rabi從香港返巴黎探望朋友。

愛情。」她依舊躺在床上，每日等人來為她轉身，身體翻到那裏，那一天眼睛就注定看那一個角度。

她不是不想死，「那時候如果可以死，我真係唔介意。」一來，她沒找到一個可以自行了結生命，並且必死無疑的方法；二來，她發現自己的意外對一家五個人都是極大打擊。「如果我死埋，他們真係會黐線，傷口一世都埋唔到。」

一堆負能量竟為她堆砌出一條生路，「我努力鍛煉自己，並不是因為我積極人生，只係我好想逃走，好想逃離生命的困局。媽媽的崩潰和怨念，太負面了，我是給迫着要趕快離開原點的。要獨立，我才有自由。」她由全身癱瘓，到最後練到手臂勉強發力，能夠自己穿衣服、上廁所，甚至用臂力支撐自己整個身體，轉換輪椅和私家車的座位，那個人是法國的Rabi。

她說當人生去到負數時，「對啊，連零都不如，只得負數」，她渴望透過熟悉的朋友，記起以前的自己。「最開心是巴黎朋友和同事的支持，因為他們認識我，那個法國的我，真正的自己。」這些朋友對住她不是喊苦喊忽，不是說「你陰公囉」、「嘥晒你啊」，他們寄來很多慰問咭，都這樣寫：「以我認識的你，你會搞得掂。」「這不會難倒你。」

又有藝術系的朋友寫信鼓勵：「這可能造就你有新的視覺，開創另一個藝術的前途。」

偶爾她的思緒又會飛到巴黎九十三區那間爛屋，透過玻璃窗，再次看到處身陋室的自己，還有當時自信瀟灑的一句話：「原來真係冇嘢會難到我。」

Rabi說：「那時候我最需要的是支持，而不是同情我有幾慘。振奮的說話，我照單全收，那個畫面，我現在說起都印象難忘。」

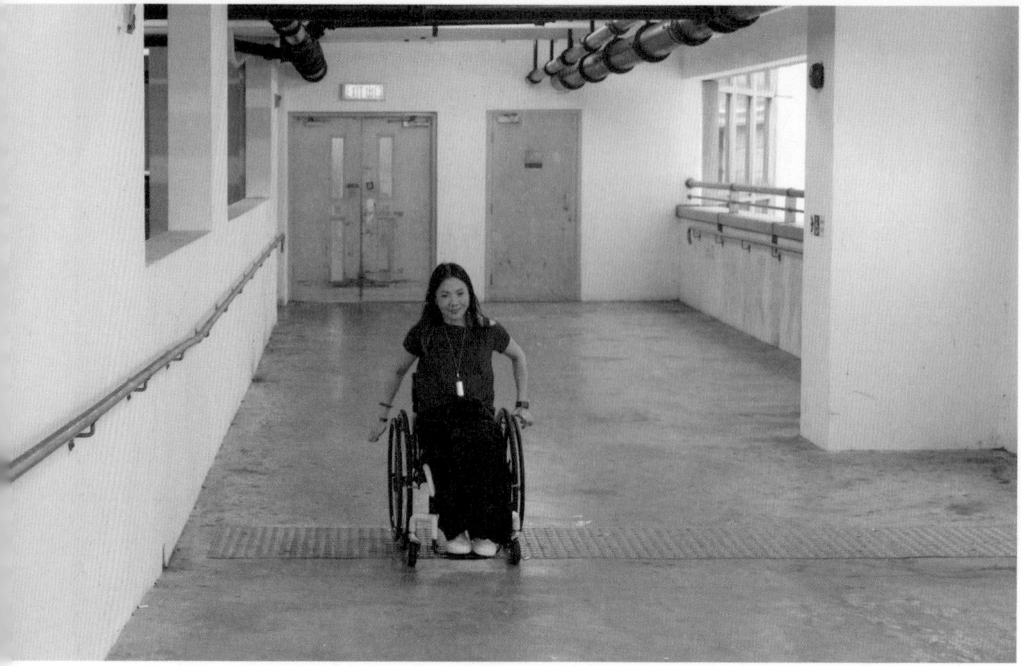

←

持續八年的人生低潮

Rabi跟兄弟感情深厚，千帆過盡，他們偶爾會提起生命中那過份濃縮了的八年，「一九九八至二零零六年，八年間，我們食晒人生中要經歷的大事。」

生命把她的低潮編排得密不透風，「九八年撞車癱瘓在床，九九至二零零零年治療，二零零一年我學駕車、搬出來獨居，還要經歷一場官司。二零零二年自己去旅行。期間一直受飲食失調影響，去到年尾媽媽發現患了癌症，治療期間又碰上沙士，我成為了她的照顧者，開車接送睇病。媽媽去世後，到爸爸病，爸爸隨後走了。」說得直白一點，「我成個家散咗。」

人生快速搜畫，她用盡全力配合，遇難關過難關，但其實她把自己受了傷的心，遺留在車禍現場。後期在「路向」認識的朋友，看到她當年的照片時，都不能相信相中人竟然是她，「那幾年的我成個人簡直變了型，不是我來的，現在的我，終於似返巴黎時的我。」

她不止一次說過，法國的Rabi，才是真正的自己。

當時她的身體肥腫難分，樣子都變了。意外前的她做gym練出翹臀，總是穿背心露肚臍，指甲塗黑色，但坐在輪椅上那個寬袍大袖的女人，連她自己都認不出來。日間她忙着工作、賺錢，打理自己的設計公司、照顧患病的

「我努力鍛煉自己，並不是因為我積極人生，只係我好想逃走，好想逃離生命的困局。」

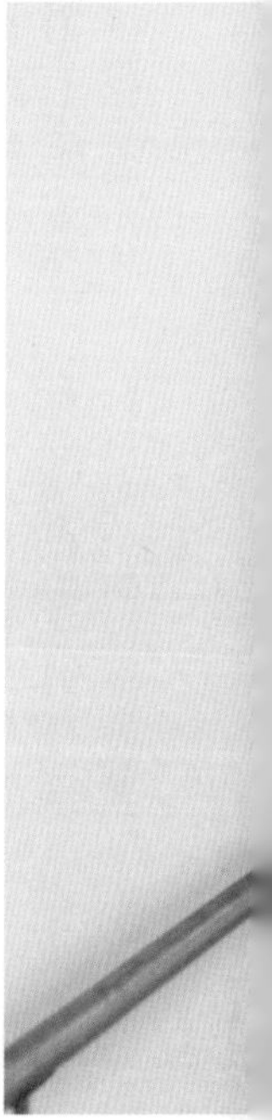

媽媽，還要努力節食；夜晚她靜下來，則飲酒、暴食。「治療師跟我說，你個心好傷，你沒有醫好過。」她這個遲來的創傷後遺症，把她的身體折磨得比意外時更差。「我精神狀態好差，受傷時沒有影響過生理期，反而我患上飲食失調後，連月經也停了。」

她打開電視，看到人來人往的中環街景，會想起自己當年不也是抬頭挺胸、蹺着屁股走路的OL？突然記起巴黎浪遊的日子，又會嚇出一身冷汗，「我諗，自己人生中玩的quota是不是在那時候已用盡了？」

不少人聽她的故事，聽到她撞車後又學了開車，總是驚嘆：「你兩年就pick up返生活好快啊！」但Rabi說：「那不是真的，千萬不要迫自己趕快復元。」

←

不要施捨的愛情

早在二零零四年，她就加入了「路向」，參與不少協會工作。她是個亮眼的人，很難處身團體中而不被人認識，但確實多年以來，知道Rabi存在於「路向」的人很少。那時其母已病逝，但為了不讓父親和兄弟受到刺激，她甚至一直忌諱談及雙親，基本家庭資料都不敢與人分享，活得小心翼翼。「關於車禍牽涉太多人的關係，不想談也不能談，而且自己也未overcome。」

二零一零年「路向」出書，訪問了八位會員的故事，當時的主席李遠大就對她說：「Rabi，你個故事一定要放入去啦！」她當時極度抗拒，「我話過不會消費自己殘疾的身份，哈哈哈，最後走到今日，我真係變了好多。」

就在那一年，香港電台接觸協會，想邀請女殘疾人士訪談，內容關於戀愛婚姻話題。由於不用上鏡，只取故事經歷，她爽快應承。那天，兩個來自港台的導演，按了她家的門鈴，Rabi趕去開門，收下了卡片，轉頭往如廁。她瞥一眼手上的卡片，上面印着：夏桂昌。一時之間，二十年前某個鏡頭躍現眼前。

「你係咪巴黎唸書的？」Rabi問。眼前叫夏桂昌的男人一臉惘然。原來當年Rabi剛抵步巴黎，朋友帶她去教會的週日聚會，「要租屋就要去華人圈識人，教會是好門路。」現場有個叫夏桂昌的男生唸電影系，他跟Rabi說：「你剛來嗎？我剛畢業走了，byebye！」

他記起來了，二十年前的一面之緣。一回頭當日的少女變成輪椅上的Rabi，他震驚得說不出話來：「你……發生了什麼事？」

他們有如故友，最後還成為好友。「聽完我的故事後，他們大為感動，也沒有再見其他個案，直接就決定要改編我的故事。」這齣戲後來就是《沒有牆的世界》系列的「第三選擇」，她的角色由朱茵飾演，「我跟他們表達的最強訊息是：為何我們的選擇權低於平常人？為何殘疾人戀愛好像不應該？」

她也沒有放棄戀愛，意外發生後，跟殘疾人也跟平常人拍拖。和男友在海傍散步，她用輪子，他用腳，街坊以為男的只是照顧者，每得知是其男朋友後，興致就來了：「你男友是受傷前識的？」她說：「唔係喎。」聽罷，回應只得兩款，「啊，真係估唔到。」或者「佢真係好難得！」

Rabi立即氣上心頭，「好嬲，好反感。完全把殘疾女人貶低，將男人變成光環。點解唔可以我選擇佢？唔可以我嫌棄佢？」頓一頓，她說了很有威力的一句：「如果要施捨，我寧願不要這場戀愛。」

雖然她沒說，但這個她，大抵就是巴黎的她。

說回她的前男友，當時她的確有一種殘疾人士的自卑，也曾覺得自己沒有選擇的權利，「難得有男人喜歡我，帶我周圍去，點解我仲要計較夾唔夾？」但隨即心裏另一把聲音在交戰：「我不是有人要就撲埋去，我也可以揀，冇理由為了有男友而有男友。」

最後，她問了自己一個問題：「你可否對住這個人直到六十歲？」「NO！」她忍不住哭了出來。於是問題立即就解決了。

香港家庭福利會將軍澳(南)綜合家庭服務中心

讓她真正打開心扉，走出來爭取性權、甚至當上「路向」主席，是更多的因緣際會，包括她的貓貓。陪伴她八年的貓「飽飽」，有陣子因為主人忙於舞台劇演出而有點抑鬱，有一天她綵排夜歸，回到家裏時貓貓因為哮喘病發而死了。那是二零一四年九月上旬，幾日之後就發生了「雨傘運動」。

平日為了照料抑鬱的貓貓，她週六日絕不會外出，「飽飽走了，我突然覺得自己再沒牽掛，可以行出去。」「九二六」那天，她看着電視機，見到群眾衝入公民廣場，本來安坐家中的Rabi二話不説，坐上手推輪椅，立即上街聲援。那是一個星期六的夜晚，身體的障礙，阻礙不了她作為香港人的心。「『反國教運動』時我亦有上街，慢慢明白了發聲的重要。有個好強烈的心，要讓人知道你想爭取什麼，也好想讓香港人知道，我們並非只爭取殘疾人士福利。香港是大家的，我們也是香港一份子。」

她對香港的覺醒，也是對自己的覺醒。但裏面蘊含的感情，其實迴路更多更複雜，好似看不見的電流，要到電燈亮起來，她才能像倒帶那樣，回頭執拾自己一路走來細碎的步伐。「我是由健全人突然換了身份，變成殘疾的身體返回社區，才感受到社會很多不公平的對待，而且只得自己一個人單打獨鬥。」後來加入了「路向」，她成為群體中的一個人，又生出了另一種向公眾訴説殘疾人士情況的心志。「那種發聲的責任，想表達自己的權利，與社會的覺醒，都是相通的。」

這條電流的迴路，甚至推動她出戰特首選委。二零一七年，Rabi以服務使用者的身份，在社工界別的鼓勵下，涉足政治，伙拍另外兩人參選社福界的特首選委。「向來只有社工參選，殘疾人士還真是第一次。」不過這次經驗後，她發現政治角色對她來説委實不適合，「我自己真係唔掂，完全不是政治人style，單單辯論時要大聲過人、要重複觀點，還須一次比一次講得大聲，我已經唔掂。」

軟性的感染力才是她擅長的，Rabi在前主席李遠大多番鼓勵下，於二零一六年參選並當上「路向」主席。「其實二零一四年阿大已叫我選，我因為太退縮，也因為飽飽剛死了，而放了他飛機。」她當了主席四年，為了這個沒工資的公職，她有計劃地把自己的設計公司減產，退出了不少項目，「只能取捨啊，否則一接job就好忙，但又不能沒收入。」

當上主席後，很多説話不能隨便講，很多立場不可以輕易表態；隨著去年社會運動的展開，殘疾人士之間的看法也有很多分歧。「去年好多地鐵站關閉，只是在群組裏商量如何向港鐵表示關注，已經看見很多不同立場的説話，讓兩邊都不高興。」她嘆氣：「那一刻，我只要寫多一句，就會令不同看法的人不快。」最後她只能傳

「那種發聲的責任，想表達自己的權利，與社會的覺醒，都是相通的。」

出六個字：「大家注重安全。」

也有媒體致電她詢問回應時，會道：「地鐵關閉喎」、「電梯損壞喎」、「排隊搶口罩喎」，潛伏句子就是：「社會人士太自私了，是否令殘疾人士大受影響？」這也是她受不了的地方，每次她都這樣說：「全部香港人都不方便，大家都要改變一下生活方式，我們不過是其中一份子。」她希望把殘疾人士拉回一個共融的位置，「不想被人擺我們上枱。我們也是城市一份子，別將我們跟正常人擺得太遠，否則真的一世走唔返出來，重回埃塞俄比亞的形象。」

她本來覺得這個崗位做四年就好，希望今年引退。但回望去年的社會運動，加上今年的全球疫症，她有感很多想做的事情都做不成，考慮再次連任，「香港搞成咁，我好難再走出來講殘疾人士平權。餐廳都要執笠，難道還宣揚無障礙餐廳？」殘疾人士也是香港人，在此時此刻，只重視界別的個人權益，她覺得說不過去。

記得她拿着媽媽送給他們三兄弟妹的葡國護照，年輕時留法國不成，現在會再次出走嗎？她用飲管啜一口蘋果綠色的沙冰，說得很天真，但也很堅定：「十九歲時離港，那時真的很不喜歡香港，好想走。但掉轉頭，香港現在到了這個地步，你叫我走嗎？我唔捨得，唔想走。」

Rabi的故事很長，那一夜我們由調景嶺的「路向」協會，傾到將軍澳的cafe，然後再坐上她貼了磨沙黑色貼紙的私家車，跑高速公路、過海底隧道，再上高架橋，她一邊開車，我倆仍然雞啄唔斷。最後去到她的家，坐下來，大家都覺得口渴，她請我到廚房扭開上了隔濾器的水龍頭，嘩啦嘩啦倒出來兩杯開水，我們以水代酒，繼續東南西北、黑白黃藍，說個不停。

幾十年的人生，如此長篇的經歷，每個枝節都充滿故事，但為著訪問而談的話題，特別覺累，因此說到一半我倆都放棄了，胡亂談天才不亦樂乎。直到我執筆要寫訪問時，始驚覺我們說了這麼多不能出街的話，故此又要打電話、發短訊，無日無之的又補充了好多，才能把訪問寫好。對於這種有特殊魅力會把記者吸進黑洞的被訪者，日後實在要多加防備，我相信Rabi讀到這句時，應該哈哈哈哈，朗聲笑了出來。

ROUTE 02 馬汐嶢

是／不是一個籠

馬汐嶢

a cage

文 → 鄭美姿

馬汐嶢坐我對面，我倆剛一起吃完午餐外賣，中間隔了一張木枱。但嚴格來說，她不算坐着，更似是給「固定」在輪椅上，胸前卡住一根很粗的安全帶子。至於她右手的造型擺位，是熟練的菲傭姐姐為她安排的。

她一貫的心平氣和，沒有講故事的聲線，像一個從一開始就組裝錯誤、沒能關緊的水龍頭，水一直淌，明明有聲，又好似無聲：「上天畀我，係咁就咁，我不覺得自己中途被拿掉了什麼。」

她說在「路向」認識了很多因意外致殘的人，他們都因為一件事而命運改寫，情節跌宕，「例如我聽過柳冕哥哥，也聽阿青講過他們的故事，心情好多高低起伏，但我就好平靜。大概天生的，容易接受好多。」

那麼意思是，反正人生都在籠子裏面了？汐嶢眼睛也不眨，立即就答上來：「身體一直是個籠，但我從來沒出過去，所以感覺上不是個籠。」她果然是哲學系畢業的，接着再補充一句：「除非中途被人關起來，你就當然會大嗌：『我要出去呀！』但我從未試過活在外面。」我「啊」了一聲，答不上嘴。

她看看我，打一個圓場：「惟有在籠子裏掙扎，哈。」「哈」是她習慣成自然的語助詞，不算真笑，也不是假笑；經常夾雜在說話當中，輕輕的，又有一點重。

五歲的我被世界孤立 ←

馬汐嶢像一個旁觀者，常常失驚無神把第三隻眼掏出來，用一個凌駕式的視覺去跟你談自己的經歷。最遠的回憶，可以追溯到四、五歲，「那時候，我是一個很多話的小朋友。」她的嘴巴從不曾停下來，只是手腳也從未曾動起來，不能跑不會跳。媽媽帶她去買餸，之後到公園坐，「媽和一個阿姨傾偈，很多小朋友瀡滑梯和打鞦韆，我則自己坐在輪椅上沒事做。那日太陽很好，但我聽唔明阿媽傾乜，小朋友追逐沒我份，覺得世界把我孤立了。」

她說這個畫面很強烈、很震撼，一直烙印在心。「細個常常聽人講，話帶小朋友去公園玩，但關我咩事？我去玩乜？滑梯瀡不到、鞦韆坐不成，哈。」

早在很小很小的時候，她已經懂得分辨「正常人」，「見到別人身體好，就會比較：點解他們做到，我卻做不到？」她羨慕常人，但自知不能變得正常，變相生出一種想接近的欲望。她想接近正常人、想升讀正常學校、想跟正常人打交道，「若能跟正常人做朋友，於我是一種光榮，也意味着我和他們有個平等的level。」

老師的評語：井底之蛙 ←

我們以為正常人一街也是，但對她來說，卻是這麼近，

父母在女兒進行脊骨手術前，帶她去日本旅行。由於遠遊，不能帶用開的輪椅，相中的她在笑，但實際上非常不適。

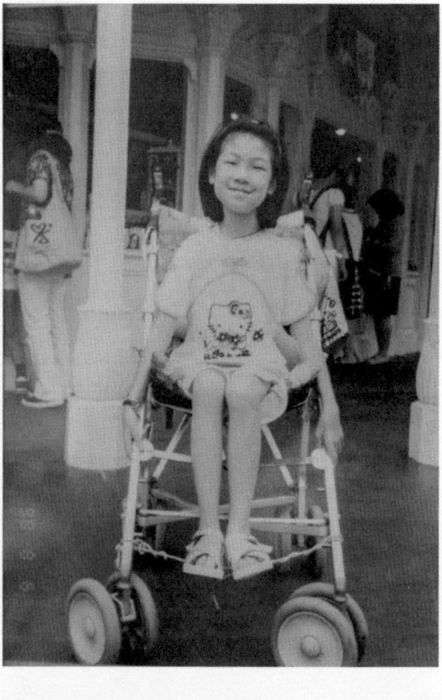

「上天畀我，係咁就咁，我不覺得自己中途被拿掉了什麼。」

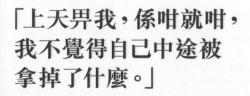

那麼遠。

而當馬汐峣意識到自己想親近正常人時，她就開始了和常人分隔的人生。她上特殊學校，學生都有體能問題，她這樣形容患先天脊髓肌肉萎縮症的馬汐峣：「她是個好嘈、八卦、好多嘢講、頂心頂肺、牙尖嘴利，以為自己好叻的嚫妹。」小一那年她考第一，老師安排她做IQ測驗，發現這個豆釘可不是囊中物，「老師說我IQ得分比較高，想讓我跳班，我就更加傲慢了。」

小三那年她轉校，在一家基督教特殊小學當插班生。未接觸過宗教的她，課程多了一節「德育課」，老師在課堂上講聖經。她質問老師：「點解要聽你講聖經？」上課時更多番留難，老師講一句，她雙倍奉還，最後老師被她迫哭了。「那是我最傲慢的日子，曾有老師給我的評語是：井底之蛙，只看到自己的世界。」

她是學霸，也是惡霸。她雙手無力，身體軟弱，但會用口去指示體能較好的同學「犯案」，「我常常欺負同學，例如命令一個同學，把某個男同學（連輪椅）推入女廁。我專門針對沒有反抗能力的人，就去蝦佢。」

她人瘦力弱，在特殊學校裏，很多人身體都比她好，但馬汐峣說自己就是聲大夾惡、心高氣傲，在同學之間是個沒人想得罪的小頭目，令老師非常頭痛。「老師也聯手整治我，學校總有不同名目的獎項，就是刻意不發給我。」對這些小懲大誡，她總是嗤之以鼻，老師想藉此修理她，卻不湊效，「啤，豬肉獎送我都唔要。」

這麼難搞的人，最後低頭，是因為兩件事。十二歲那年開始發育，她的脊柱側彎問題愈發嚴重，有可能會壓住肺部，難以呼吸，並出現肺炎等併發症，是肌萎病人成長必然面對的難題。於是她接受脊骨矯正手術，把一條鐵枝放入背部，盡量拉直身體，從此便多了一條由脖子延伸到屁股的疤痕，健康也大大走了下坡。「手的能力更差，條氣不好，說話聲線弱了很多，再不能大大聲講嘢了。」

我問：「不是說做手術會改善身體狀況嗎？」她答：「做手術只係冇咁快死，哈。」頓一頓後，她續說：「身體差了，但會長命啲。」

第二件事，是學校來了一個新同學，「我發現，原來自己唔係咁叻。」從內地來的男生，坐輪椅，雙腿不能走，但雙手有力，身體比她強多了。「他隨身帶住英文字典，背生字，成績好，品行好。他能做到的事比我多。我以前未遇過這樣的人，很佩服他。」

隨着健康日差，活動能力進一步減退，馬汐峣成績也開始滑落，「我冇咗把聲，也惡不起來了。」最後一次曬馬，是由她率領的「轉校幫」，跟「原校幫」大鬧天庭，驚動老師出面調停，為她的惡霸生涯寫了轟烈的句號。

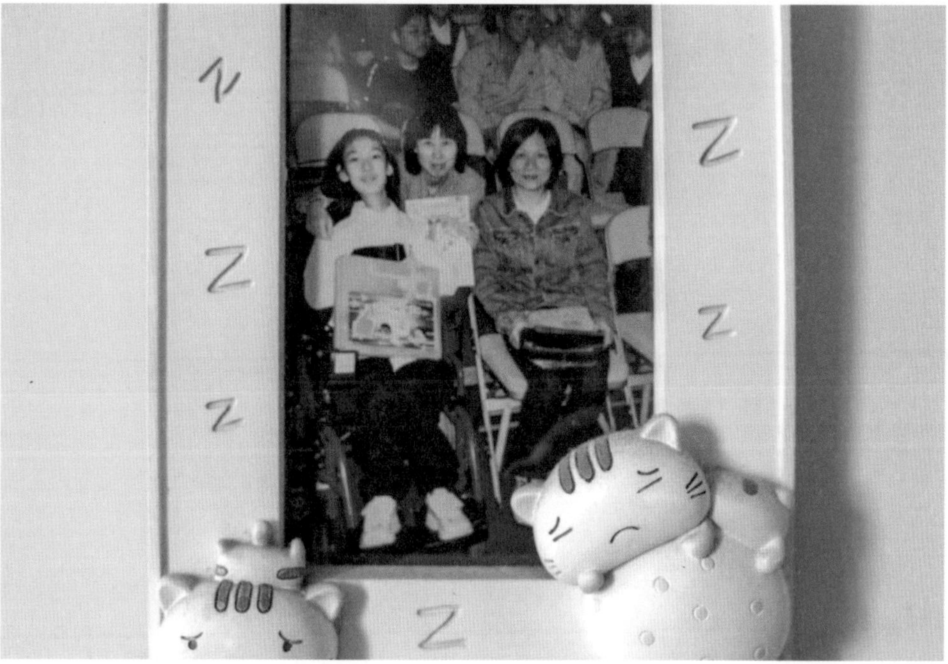

馬汐嶢於十四歲那年，贏了一個傑出學生的獎項。

← 一條摺痕將我打敗

學校不設預科課程，但馬汐嶢一直希望升讀大學。故此唸完中三後，她旋即又到了十字路口。「我想過藉此機會，轉去正常學校唸書。我一直都渴望出去，覺得正常學校的競爭，會令我叻啲，我想經歷出面那種有壓力的環境。」

她的腦袋想衝出去，但她的身體衝不出去，「特殊學校始終比較遷就，累了可少交功課、進度也慢，我羨慕出面的競爭。」反覆思量，她自覺身體太差，上廁所、食飯，以至揭書都需要媽媽幫忙；經濟原因又不容許聘請外傭照顧，終於打消了上正常學校唸書的想法，只能升讀另一間特殊學校。也沒料到，這已經是一趟長征。

九月仍未有秋意，十五六歲的少女，人生第一次不住在家裏，夜晚睡覺不再有媽媽在旁打點；馬汐嶢躺在大口環甘迺迪學校宿舍的床上，哭得整張臉是眼淚和糊了的鼻涕。後生女離家寄宿，第一個夜晚，怎説都是刺激和興奮的，但她不同。她用一種很淡的語氣説：「你想像我是一嚿肉，給丟在床上，郁唔到，哈。」

夜晚，宿舍準時關燈。她戴住呼吸機，望住天花板的吊扇轉了一圈又一圈。她叫自己合上眼，快點睡，睡着就好。「但我話你知，其實合上眼，好靜、好黑，你的痛感反而會放大，哈。你會愈來愈痛，但你完全掙扎唔到。我喊，但隻手抹不到眼淚，我流鼻涕，隻手抹不到鼻涕。」

過去十幾年，她每一個晚上，都要媽媽幫忙轉身十幾次，身體才不致因壓住而觸痛。但在學校寄宿，夜晚只有一個姨姨當更，她只分得一晚三次的轉身機會。馬汐嶢止不住哭泣的時候，姨姨正在地球另一端，替宿舍其餘五十幾個學生轉身、餵藥、換尿布，仍未夠鐘回程。上衣那一條摺痕，碰巧被她肩膊的骨頭壓住，一條摺痕已徹底將她打敗，「你會痛三四個鐘，阿姨才來幫忙轉身，對我來說是好驚好驚的事。」

這個痛苦難當的第一晚，最後被人發現時，只剩下一團哭到黏答答的肉。

翌日母親遠道從屯門的家，來到大口環探望，職員特別預留了房間，讓母女倆團聚。門一關上，「我哋兩個爆喊。」媽媽大哭，緊緊摟住女兒說：「阿豬，你昨晚點？瞓唔瞓到？」女兒經歷完昨晚一夜，聽到媽媽這句問候，哭崩回應：「你唔使擔心我，我得嘅。」這時馬汐嶢突然加了一句：「我阿媽攬到我好實，但我攬唔到佢，哈。」

她說，這條路是自己揀的，她一定要把它走完。我問：「沒有想過回家算了？」她說：「我不是好勝的人，但難得出來了，我點都要試吓。」

最後，她在紅十字會甘迺迪中心唸了七年書。幸好當日沒有「回家算了」，否則她就不會擁有一段很快樂的日子。

因為痛，而忍不住眼淚好多個日子之後，某一天，宿舍不知從哪裏給她弄來一張氣墊床。那張床有幾條充氣管，可以輪流掭氣，沒想過這已經有助她紓緩不少疼痛。但最後她終於不用哭着入睡的原因，竟然是，「我胖了！本來十幾公斤，一胖胖到廿幾公斤！」此前兩年，她做完脊骨手術後，健康轉差，僅重十四公斤。

她說宿舍早午晚三餐好吃到不行，馬汐嶢胃口大開，由朝食到晚。原來多年來她在學校都是吃「醫院飯」，直接由醫院送校的飯餐，沒糖沒鹽沒油。在家裏，媽媽又嚴禁她吃零食，即使原因並不科學，但連翻個身都不行的她，也只能按着媽媽的理論去生活。「媽媽覺得零食熱氣，令她晚上要更常幫我轉身，所以她就嚴禁。」

寄宿的早晨，早餐捧出來，是熱呼呼的湯河粉，「雞絲呀、肉丸呀，嘩好豐富！」以前上學她都要趕車，早餐都是一個面包草草了事。到了中午，她的味蕾再受刺激，馬汐嶢說起回憶中的美食，聲線始有了變化，「番茄雜菜炆牛肋肉，太好味了，還有湯飲！」三餐之後，還有每晚最期待的第四餐，「我們住女生宿舍，同學都

「我一直都渴望出去，覺得正常學校的競爭，會令我叻啲，我想經歷出面那種有壓力的環境。」

「我高估了自己的社交技巧，我以為自己是social的人，但原來，唔係囉。」

把自己的零食奉獻出來，薯片呀什麼都有。晚晚食，就胖了好多。」

瘦了一輩子的她，從來不知道，脂肪會叫她快樂。「我有脂肪了，骨頭不再直接壓住肉和皮膚，我竟沒那麼痛了，實在是意外驚喜。」她慢慢適應沒有母親在旁貼身照料的日子，有些事情就要將就一下，例如須在指定時間洗澡、指定時間如廁，「突然肚痛要上廁所就慘了……」

她說自己只是「一嚿肉」，不能自理，有些狀況也只能接受。我問：「你快樂嗎？」她就是喜歡繞個圈子回答：「不快樂就不會胖。」

←

是我自己不夠努力

等了廿幾年，馬汐嶢考上大學，本以為終可歸隊，進入正常學府，不再出入特殊學校，可是，「開頭好興奮，好渴望唸正常學校。我想識朋友，一識人就問他們拿facebook帳號。但之後一次又一次，被現實打敗。」

本來想唸設計系，但分數不夠，她次選考入嶺南大學唸哲學。第一關被現實打敗，是不能參加迎新營。「點解我唔去？因為睡覺是大忌。出外過夜，我要帶床、帶呼吸機，還要帶個人夜晚照顧我。要帶三樣嘢先去到o camp，我點解要去？唉。」這次她沒「哈」了，變

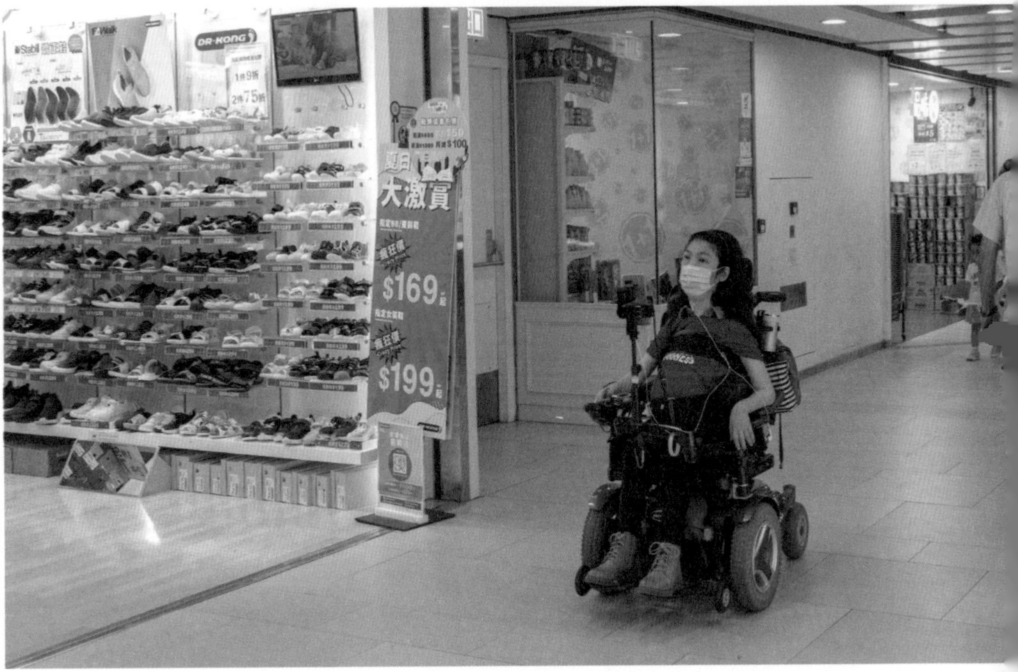

成了短促的嘆息。

她想去，但沒能去，也就覺得不去就算。「後來才知道，去o camp很重要。學系裏的同學，通常在迎新營已認識了對方，夾好了上莊。」馬汐嶢自覺錯失了結交朋友的良機，但她沒有灰心，心想即使o camp去不成，上課時多跟同學聊天就好。

吹水從來是她的強項，她總是難忘特殊學校老師的評語，都是說她「多嘴、多話、吵吵鬧鬧」。她以為，馬汐嶢明明就是社交強人，「我高估了自己的社交技巧，我以為自己是social的人，但原來，唔係囉。」

她興高采烈來到課室，但只有最後一行才能安放輪椅，「見到個男仔好靚仔，都不能坐在他隔籬。」上課前下課後，同學都聚在一起談東說西，「我好想一齊傾偈，但媽媽總是不斷催促我回家。」不要緊，她告訴自己「食飯才重要」，總是想像跟同學一起，在飯堂點個碟頭飯，邊吃邊聊，是大學一樂。

但隨即她發現，飯堂總是非常擠迫，通道總是異常狹窄；要到那一刻她才明白，特殊學校的場景，原來經過刻意安排，「這些問題在特殊學校不會發生，因為座位都編排周到，所有通道都是無障礙。」但她仍然有一個想法：「那麼排隊上廁所時，總會碰到同學say個hi吧。」然而現實卻是，她用的是傷殘人士廁所，「而同學是去女廁的。」

聽起來是社會的錯，是我們沒有建構一個共融的環境配套；但馬汐嶢則一直懷疑，這是她自己的錯。「我常有疑問，如果中學時我唸的不是特殊學校，我的社交技巧會否好一些？我的大學生活可會有所改變？」

嶺南大學的正門有樓梯，必須用腳走進去；故此三年的大學時光，她都是坐在輪椅上，繞道停車場，再乘貨𨋢上學。而陪伴在她身邊的人，開始時是媽媽，後期則換成外傭。有一次，她瞥見前面好幾個身位處，竟然有張輪椅，輪椅旁邊還站着幾個年輕人。一秒鐘的畫面，馬汐嶢心裏泛起了千頭萬緒，「那幾個年輕人應該是同學，換言之，有同學陪着輪椅同學，繞路去搭貨𨋢⋯⋯而我身邊的人，則是工人姐姐。」

她說：「她做到了，但我做不到。那就不是環境的錯了，是我自己不夠努力。」

馬汐嶢曾在校園再遇輪椅師姐，師姐鼓勵她「多啲識朋友」，「她比我獨立多了，沒工人、能自己拿書、她上身能力好好。」不忸怩的她，直接問了放在心底的問題：「點解你做到？點解你跟同學咁friend？」

師姐說：「慣了，他們也慣了。」

究竟怎慣？怎樣令正常人習慣輪椅朋友？怎樣令輪椅人習慣正常朋友？有個聲音在心底呼喊，但她還是把連串問題吞回肚子裏。她仍舊覺得，能結交正常朋友，「是一種光榮，寓意平等。」除了嶺大師姐外，她也求教另一位比她小的肌萎朋友，同樣上了大學唸書，體能同樣比較差，馬汐嶢總是急不及待的問：「你在大學找到朋友嗎？」直到朋友回答說「好難啊」、「好大鴻溝啊」，馬汐嶢才稍為放過自己。

那現在你又怎樣看？她說：「當初我好努力去問人拿FB帳號和電話，但我其實沒打過、沒傾過，不知道說什麼才好。是我高估了自己，我不是自以為的外向型。」

後來，就沒有後來

終於，馬汐嶢交上了很多正常朋友，是離開正常學校之後。

首先是她不得不承認，自己的身體狀況，做不成一份朝九晚五的長工，再者要找一份固定的兼職，難過登天。「我真係好天真，相信就業配對是真的，全心全意留在家等消息。」她把資料交給勞工處和其他機構後，乖乖的留在家等成功配對這個好消息，等了兩年。

我比她更天真地問：「咁後來呢？」她答：「後來，就沒有後來。」

她每日都安慰自己：「等吓啦，等吓會有。」沒主動搵工，原因是，「一般工點會請殘疾人，無謂拿面子來丟。」漫長的等待中，她上網打機、在交友軟件識朋友，「那段日子內心很滿足，在文字和聲音的世界，沒有人知道我坐輪椅。」這種「你今日食乜」、「我今日食呢啲」、「你接放學未？」、「你打緊咩game」之類的話題，來來往往，讓馬汐嶢交了好多正常朋友。只是這些朋友來得快，也走得快，「開始時滿足，慢慢覺得空虛，覺得傾的話題不實在，不是真朋友。」

網上的她是個很有保留的人，從未觸及自身的話題、不曾講過「自己係咩人」，終於有一次，她忍受不了那種自己一手造成的距離感，「我說了自己的身體狀況。」翌日再次上線，她覺得朋友的態度改變了。

「有些人不再同我傾偈、有些人突然好關心我，傾談的內容全部變晒。」變成什麼？她繼續直白地回憶，語氣仍然淡淡的，「他們會問：你生活點？你要不要幫手？」她對這些問候感到不適，「這是一種高低。」或者那只是關心？她說：「關心當然OK，但不用時刻掛在嘴邊。當你不斷咁問我，我就覺得你似炫耀自己。」或者只是不懂得表達？她說：「但我就是感受到那種差距。」

她躲在電腦屏幕後兩年，中間只偶爾跟甘迺迪學校的朋友聚會，「大部份同學都找到工作，只我一個找不到，但同學都覺得我搵唔到工正常，因為我在班上身體算最差。」同學之間有人中風、燒傷，或者患大腦痲痺，而他們判斷同窗求職機會有幾高，原來靠三個指標，「能不能自己吃飯、能不能自己上廁所、能不能自己攞嘢。」要攞什麼？她說：「攞到八達通嘟。」在這些指標下，她找不到工作，一致被認為正常。

還給自己的自由

但馬汐嶢是個思想銳利的人，即使你容易被她軟趴趴有如豆腐的身體騙倒，但她隱蔽兩年，還是靠自己走出來，「連我都頂自己唔順，我潛在基因始終是喜歡接近真人。」第一步是跟甘迺迪舊友去做義工，推開屋企大門，行出去，一個月一次，每次兩小時，由天水圍出發去樂富，「是那個朋友和其他義工救咗我。」

然後她再把時間表拉緊一點，「逢一三五去旺角上電腦班，希望進修一下，幫助搵工。」電腦班讓她認識了很多大媽，「她們對我好好，我好似多咗幾個阿媽咁。」重見天日至今，五年過去，馬汐嶢現在是義工機構的執委，「也被好多人叫我去做其他組織執委，要搞活動，去吓飯局。」她也獲中學母校之邀，一週兩次，受薪替師弟妹補習，井底之蛙終於跳出來了。餘下的時間，她會接一些剪片工作，但時刻要記住，「錢不能搵太多。」她本想離開綜援網自立，但計過數後，傭人屋租等開支太大，負擔不來，所以只能慳住接job，不能超標。

「我也覺得自己心態不同了，真正擁有了自己人生。以前我的人生一直隸屬阿媽，想去某活動，要看她有沒有空、有沒有體力。」她輕輕笑了一笑，「但多數冇，因為我阿媽好摺的，哈。」不過，馬汐嶢媽媽的自由，其實是女兒還給她的。當年升讀大學時，她因為大學生身份，被指雙重獲利，不獲批綜援，但她急於獨立，想自行聘請外傭照料並搬出來自住，因此多番跟社署據理力爭。

當年她的想法，並非為自己爭取自由，只是想把自由還給母親。「我想讓媽媽有返自由，讓父母多些時間兩個人相處。我阿媽當年唔肯，但我好堅持，廿幾年他們投放太多時間給我，忽略了自己。」最後她撼動了社署的政策，還了媽媽的自由。

因此從電腦的黑洞中爬出來，才是她確認的還給自己的自由。「大學時雖然搬出來自住，但也只是讀書，沒想其他，也不懂跟外傭相處，變成被她控制。」前後換了三個外傭，她自住好幾年後，才終於學懂話事，「現在我要管理兩個人，自己和工人姐姐。」

她媽媽最近如此形容女兒：「你好有神彩，成個人發光。」你自己覺得呢？「哈，你覺得呢？」這種生活就是你想要的？她沉思一會，「我有諗過，我是否想未來

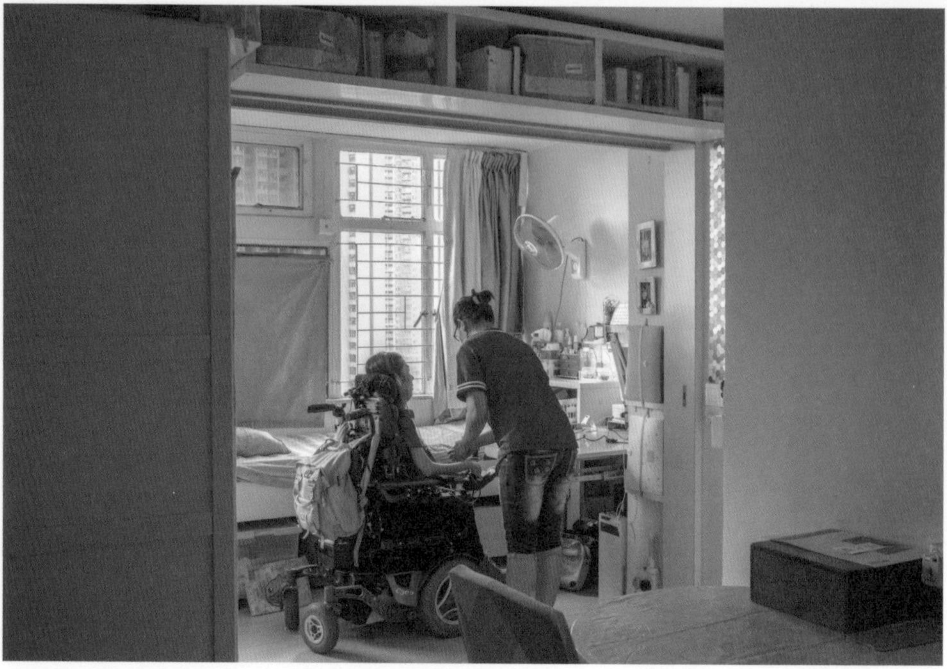

廿年也維持這種生活？我不肯定。」她續說：「是否可以更加進步？」其實她都想好了，我不過等她慢慢說就好。「有諗過報讀中大社工碩士，但有點怯，怕學校唔收我。」

馬汐嶢依然坐我對面，中間隔了一張木枱。她喚外傭過來，鬆一鬆那條不會動的左臂，再替她的右手擺過另一個姿勢。她繼續淡淡然地把話說完，但我彷彿看到她的右手動起來，熟練地掏出自己的第三隻眼睛：「身邊朋友開始給我壓力，問我：『點解唔報？』哈，我就在看，看那天我頂不住這個壓力，就會去報名。」

←

後記

我曾在前面寫，馬汐嶢像個從一開始就組裝錯誤的水龍頭，水一直淌，明明有聲，又好似無聲。她語氣是如此平和，不論說起以前搗蛋的事、眼前政治的事、未來理想的事，她用的都是那種「哈」一聲，不算真笑，也不是假笑，輕輕的，又有點重的態度。

直到講起她在甘迺迪中心，那段大家坐在輪椅上圍爐吹水吃零食的美好日子時，我問：「你認識到好朋友嗎？」她沉默下來，換上另一種截然不同的語氣：「識到了，最好的朋友，但上年她突然離世了。」說罷她落下了眼淚，哽咽地說：「對我打擊好大。」

她隱蔽兩年，還是靠自己走出來，

「連我都頂自己唔順，我潛在基因始終是喜歡接近真人。」

這個朋友患的是玻璃骨病，在馬汐嶢最隱蔽的日子，唯一仍然有見面和聯絡的，就是幾個甘洒迪的舊友，她當然是其中之一。一班朋友中，總有一個是特別喜歡替大家拍照留念的，她就是這種人。記者總是殘忍的，我忍不住問：「可以說一下那種打擊嗎？」馬汐嶢流著淚說：「我未得，到現在我仍不敢touch，講唔到。」

第二次，我再聽到馬汐嶢這種完全不同的語調，是我把寫好的文章發給她看後，她回覆了一個語音短訊。「我看完整篇文章了……噢……我覺得……嗯，這就是我的生活了，這就是我的回憶了。」她是個轉數很快的人，對任何問題都能及時交流，若遇上良久的沉默，感覺就是訪問的和被訪的人，一刻共同經歷的感動。

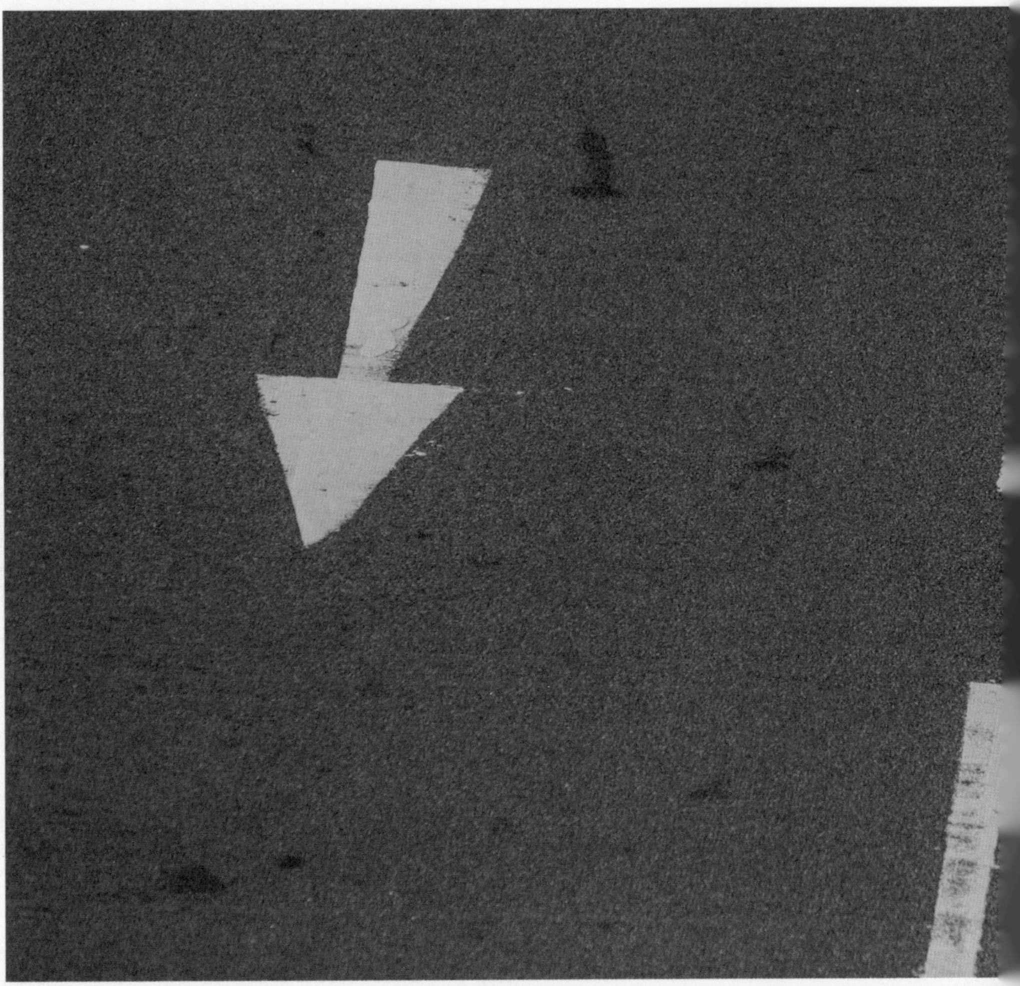

ROUTE 03 陳嘉敏

病名不如就用我的名字？

陳嘉敏

a disease with no name

文 → 蘇美智

這本書裏的受訪者，有遇上交通意外的、有翻牆墮樓死不去的；有人跳水時出事、有人游水時出事、有人在池邊熱身時滑倒出事；有人天生患上令人軟趴趴的病、有人出生時在產道裏缺氧一分鐘。他們為着各種原因坐上輪椅，唯獨一人：莫名其妙，無以名之。

好端端活了廿四年後，在某個尋常的工作天，陳嘉敏雙腿忽然説不動就不動。打後幾年，罷工的身體機能年年添加，先是雙手、然後眼睛、最近是耳朵……「真不知道接下來『開邊瓣』？」

為着刁鑽古怪的病，和找不到的病因，她吃盡苦頭。艱難時，想到自己在特殊學校照顧的學生，「他們很多連説話都不會，卻擁有我們沒有的、單純的快樂。曾經有路人對我説，因為看到我努力，所以他不放棄；我也要跟他説，因為看到那班小朋友的努力，我沒有資格講一句放棄。」

← 匱乏只因看不懂

因為畏光，陳嘉敏在室內也架上太陽眼鏡。她小個子，短髮爽朗，笑也爽朗。那樣的帥氣，配一部風馳電掣的鐵騎剛好，偏偏在現實中，她的「鐵騎」畫蛇添足，多了兩個輪子。

對於特殊的孩子，乃至旁人不友善的目光，嘉敏半點不陌生。弟弟有輕度智障，當姊姊的她從小便幫忙接送上學，又會想辦法教他避開馬路走天橋回家。偶爾弟弟腦癇發作，路人的責難最令人難受，但她學會不回應，反正自己知道最該做什麼——除了確保周遭沒危險的東西，其他什麼都不該做。

所以中五畢業後，她申請到特殊學校做教學助理，彷彿是家庭生活的一種延伸，又彷彿來自宗教信仰的使命感。更重要是，她喜歡那份工作，連回想也雀躍：「我鍾意挑戰，特別喜歡佻皮難搞的那些，因為乖的已經有很多人疼錫了。有一年轉新學校，派得最難搞的一班，混亂但開心，成功感特別大。」

那年她一對八，協助嚴重智障和肢體傷殘的學生上課，最記得一對孖女：一個到處跑，一個行不穩；到處跑的那個會打家姐，行不穩的那個會自殘。頭一年，妹妹每次上完樓梯都一溜煙跑掉，害得嘉敏倒瀉籮蟹，慌忙丟下家姐去追。「我花足一年，才終於教曉妹妹上完樓梯後，乖乖開門等我們上來。」

她照顧的學生，有些壓根兒沒語言能力，有些只能像嬰兒般咿咿呀呀；進步空間有限，兼且回應匱乏，可會令人洩氣？

「對情況嚴重的小朋友來說，要知足。進步不用多，少少就夠了。也許他們不懂得説鍾意你，但會在行動上

表達，像是失驚無神走來摟住你。只有信任，才會這樣。」她笑得滿足：「他們好曳，但好得意。」

原來匱乏，只是旁人不懂。

是太累了……嗎？ ←

二零零五年，嘉敏二十四歲，她邊打工邊進修，把特殊教育文憑課程差不多唸到尾聲，還盤算畢業後不申請教師職位，反而留任助教——因為喜歡和孩子貼身互動。「做助教好，可以一日八個鐘頭跟同一班學生膩在一起，慢慢熟悉他們。人們說我賺得少，但我夠自己用也夠付家用就好，重要是做得開心。」

然後就是事發那天。她還道自己只是太累。

嘉敏班上有很多「大仔」（大孩子），扶抱和搬輪椅的工夫特別多，本來就費勁。小休時，她想爬樓梯返回位子休息，可是無論如何出力，始終抬不起自己的一條腿。

沒事的，她心想，累了便改行斜坡吧，反正特殊學校少不了斜坡。可是整個下午，她都有種揮之不去的古怪感覺。她工作的學校，旁邊就是大埔那打素醫院，下班後她逕自走進急症室，沒料到從此走不出一個無以名之的難纏怪病。

嘉敏用血肉之軀體驗西方醫學斷症的大觀園。開始時，大家對於尋找病因似乎信心滿滿。腦神經內科來抽取肌肉組織，她痛痛痛、痛得要死，還留下一道傷痕，但噢，不是肌肉性萎縮症。其餘專科，她聽過名字與未聽過名字的都有，檢查一堆，斷定的卻沒一個。後來連精神科都來了，因為據說怪病可以由腦袋自行創作，可是那位醫生甫現身，便說這無關他的專業……她沿途應付各種檢查、治療和訓練，把病發情景向專家們複述一次又一次。

所以，當臨床心理學家見面便問「有什麼幫到你？」時，嘉敏氣炸了。

有什麼幫到你？ ←

「你們不斷給我希望，又不斷給我失望，可是什麼都幫不到，現在還問這來幹麼？自己找不到病因，就覺得是病人的心理作祟，但為什麼不是你們醫療科技的問題？」

在醫院的三四個月裏，她的身體機能每況愈下，開始時還可以勉強步行，後來根本站不穩，有段日子甚至無法進食。最壞的時候，被插進鼻胃管和導尿管等，像鼎盛的香爐，每枝香都是一個虛妄的祈求，都在彰顯醫療科技的毫無辦法。

嘉敏送給醫護人員的感謝卡，因為病後手震，每一張都畫得不容易。

偶爾，她從深心裏冒出一把聲音：這麼痛苦，還是算吧……

說沒一刻想過放棄是騙人的——「只是在醫院做不到。」一說完她撇嘴笑了，自嘲一種。但她把心事藏得很深，有人來探望，立即便掏出最燦爛的笑容和最積極的態度，「很多東西想表達，但又說不上來，而且講了也沒人明。」

幸好尚有畫筆。病後手部肌肉不靈光，她印指模，再添幾筆畫成動物。畫畫是一樁神奇事，即使簡陋至此，也能連接內心，接通身邊的人，譬如醫護。「其實他們也不是不想為我找病因，只是找不到。從我畫了第一張感謝卡開始，大家的交流慢慢變多。」

←一百次vs.一次

但是沒進展就是沒進展。終於，經朋友轉介，加上自己幾番爭取，嘉敏從粉嶺跨區到薄扶林求醫，成為瑪麗醫院腦神經內科的病人。她每次都拖着病壞身子，千里迢迢坐復康巴士去覆診，勞累，但滿懷希望。

「有次在《鏗鏘說》聽到醫生的一句話，我這輩子都記得。」那是二零一九年的港台節目，受訪的梁慧康醫生說：「我希望自己不會做到麻木，我驚自己做到麻木……你見病症一百次，但病人只見你一次。他那一次就是把所有希望放在你身上。」

為嘉敏主診的副顧問醫生張錫坤，大概也感受到那份希望的重量，他嘗試了各種方法，也動用了很多人脈，把優秀的、能醫奇難雜症的醫生，一一找來幫忙，但徒勞無功。年多後，他以「不好意思，幫不到你」作結，確認自己的無能為力，建議把嘉敏轉介到沙田威爾斯親王醫院，希望另一間教學醫院能夠帶來轉機。

「我告訴他：這不是你的問題，你已經用盡自己在醫學上最大的能力了，看得見的。」嘉敏說：「那句『不好意思』，我受不起。」

有懷着找到病因的希望到威爾斯嗎？「仲有？」她哈哈笑了起來，笑得有點壞：「不好意思，冇喇，有期望便有失望。」

是堅持，還是執念？

病後第一年，嘉敏感到，自己曾經為人生做的所有努力，一下子全部蒸發。

那是她在學校工作的第三年，剛好是轉長工的時機；同一時間，她完成特殊教育文憑，打算繼續朝學位課程進發，希望最終戴上夢想中的四方帽；她也重拾唸書時的興趣，再次學習跆拳道，前不久才通過藍紅帶考核；正

下肢癱瘓，不過是身體丟給她的第一塊石頭。

重甸甸的病歷記錄

在朝氣勃勃的活着……「然後，什麼都沒有了，灰到極點呀大佬。」

工作是她的心頭肉。出院最初，嘉敏每月返校兩三天，有時跟上司聊天，有時辦理請病假手續。「病後我沒正式返過一日工，也不知道還可以做什麼。」教學助理的工作，有不少耗體力的部分，她做不來。後來她乾脆不回校，算好日子，時候到了便打電話請假，可是每次撥電話前，都要鼓足勇氣。

「我知道這樣下去行不通，因為根本不是堅持就可以改變的事。但下意識裏，卻又緊緊握住拳頭，無論如何放不了手，覺得即使做不來，攞着有一份工作也好？或者某日忽然沒事，可以重新上班？」

她在執念中獨個兒掙扎煎熬，直到半年後某天。

「可能因為那幾天身邊特別安靜，有一刻突然好清醒，想到學生需要幫助，想到自己硬是佔着位子，對他們沒好處。」終於她辭職，讓學校騰出資源，趕及在開學前聘用另一人，去代替她照顧那些心繫的小朋友。

辭職那天，平靜中很多不捨，但她同時感到放鬆，「像放下一塊石頭，即使只是十塊石頭中的其中一塊。」

她從醫生那兒得到「100%沒有工作能力」的證明信，從

此專注應對自己身體的挑戰。

因為，下肢癱瘓，不過是身體丟給她的第一塊石頭。

大石大石一直下

醫學有所謂Prognosis，即是中文的「預後」，預期病患之後的發展。譬如說，病人會在什麼情況下痊癒？復發率有多高？哪些身體機能率先惡化？涉及哪幾種併發症？無惡化存活期有多久？存活時間又有多久……？說穿了，通通是統計數字，若要拿整體來估算個體，當然有估中也有估不中，但這不損它的價值：集合同病人的景況給後來者參考，增加對病情發展的認知。

可是，一個連名字也沒有的病，無先例可援，預後也只有空白一片。

醫生不知道嘉敏的病將如何退化、以什麼速度退化，只能告訴她：不退步便是進步。可惜這個良好願望一直沒有實現。

「從四年多前坐上輪椅開始，我一直無法打破這個厄運，每年失去一項身體功能。第一年是雙腿，第二年是手肌，第三年是視覺，第四年是聽力……」

怪病突襲視力的方式最刁鑽，堪稱「鬼影變幻球」。

「譬如我今日有三百多度近視，過兩日可能變成九百度。今次是近視，下次是遠視，或者一隻近一隻遠。還有白天畏光，晚上夜盲……」荒謬到盡頭是幽默，她笑了，再續：「醫生也說不出原因，只知道我眼底的感光細胞，很多都死掉了。」

她為輪椅上的失明生活未雨綢繆，包括到香港盲人輔導會，學用白手杖輔助駕駛電動輪椅，「我是導師的第一個輪椅學生，因為香港很少失明人士這樣做，但是只要能做到的，我都想自己做。」她又找視光師訂造特製眼鏡框，按當日的視力狀態，自行調換基本鏡片，不必像從前，總要帶備三四副眼鏡才敢出門。

「我花了一段時間接受視力喪失，但現在已有心理準備，知道各種退化陸續有來，只是未知『開邊瓣』。可是，如果有天連語言能力也失去，我好肯定自己會崩潰。

「在香港，沒有人會願意花五分鐘，等你『甩甩咳咳』說完一句話。我今天得到的所有支援，全部是我藉着說出自己的故事，死不要臉嘈回來的。當中有些爭取未必幫到我自己，但希望幫到下一個。然而，要是再說不出話，我還可以做到什麼？」

她平靜帶笑地說這番話，但字裏行間自有一種寒肅，像做了粗體處理。也許怕聽者錯過，才說完她又重申：

「我好肯定自己會崩潰。」

←「找不到病因」的生活迷宮

從前嘉敏怕怕羞羞，什麼都沒所謂，但原來也曾為自己發聲：中學以性別分流，女的學家政，男的做木工，她不願意，鼓起勇氣向老師要求，最終成功轉科，加入刨木、刻鑿和打磨一族，「沒想過會批准，真不錯。」回憶舊事，她朗朗笑了。

病後一年，她再次燃起發聲欲望，想呼喊自己的存在，讓更多人看到一種獨特的病人之苦——「找不到病因」是緊箍咒，也是天天要咬緊牙關應對的生活題。

先是路人甲的好奇：「連不熟稔的也來問：『點解你咁樣？』我答『唔知』，可是為什麼你好像覺得我騙你似的？呃你有獎嗎？愈問得多，就愈煩躁。」

但更糟糕在後頭。她在申請社會資源時發現，沒病因原來會令制度「當機」，像一頭栽進沒設計好出路的迷宮，處處碰壁，非常可惡。「我拖着腿去醫院職業治療部申請輪椅，比『拗柴』痛十倍。他們一看完資料，便說我不合資格。我是哭着離開的，但他們無感，大概見慣了。」

病後她跟媽媽同住，但那個公屋單位的空間，無法配合有輪椅的生活需要。她申請單身單位，打算搬出來住，卻在社會福利署、房屋署和復康機構間暈頭轉向。先是因為沒有病因，不能輪候「體恤安置」的快隊，然後還遇上一條無解的IQ題：同住的話，申請綜援以家庭計算，媽媽有收入所以超出入息限額；以個人身份申請呢，卻必須提供獨立地址，但她生了病兼沒收入，如何拿出新地址？「難道要坐輪椅去瞓街嗎？」

這種溝通夾纏不清，要繼續，卻又寸步難行。

她在很多政府部門和機構裏，輪迴似的陷入相似情境：無論申請什麼，得先交出病因。制度的麻木和粗心，彷佛在病人的苦難上多踩幾腳。她想要把這些都說出來。

嘉敏生平接受的第一個訪問，不是由病人組織安排，也沒有社福機構牽線，是她主動爭取的。二零一七年，她摸上一份本地報紙的臉書專頁，留言自薦，然後獲邀受訪，在公眾目光下剖開自己，訴說無病因患者的心事。「記者常常會『無嗱嗱』問些嚇人的大題目，而我只得五秒思考，好緊張……但是多得他們訓練，今日我才夠膽站出來說東說西。」她笑說。

站出來，最初是單純的想發聲，沒想到打通官僚的任督二脈，從此為各種申請開出一扇窗。「二零一八年，張超雄議員邀我到立法會福利事務委員會發言三分鐘，講述自己申請眼鏡資助之苦，社會福利署助理署長聽完，主動叫我會後找她……」她撇嘴笑了：「你說那時政府是不是好衰？來到這個層次才批准。」

在失去之前抓緊

自薦上報同年，她還做了另一個自薦：對象是由滑翔傘愛好者組成的小團隊。

創辦「鐵＋2航空公司」的三位男士，喜歡滑翔，也喜歡載人滑翔，同時愛做義工，於是把這些都結合起來，希望催化更多好人好事。譬如看到血庫告急，便動員捐血者上網分享為什麼持續捐血，最有故事的那位，會獲邀上滑翔傘飛天空一轉。

嘉敏向他們發臉書訊息，說想從天上看看居住的城市。

「自己的身體狀況一直變壞，不知道之後會失去什麼，也不知道還剩多少時間，只希望在仍然可以的時候，把想做的都做了，即使以後看不到聽不到感覺不到，起碼有回憶。」

「鐵＋2」約嘉敏見面，聆聽她的故事，了解她的身體狀況，然後尋找義工，籌備把她帶上天空。

十一月一個大清早，嘉敏到達山腳，始知道自己的夢想，原來要動員一條村子的「大力士」一起實現。十多

當日義工拍攝的即影即有，嘉敏一直放在輪椅上。

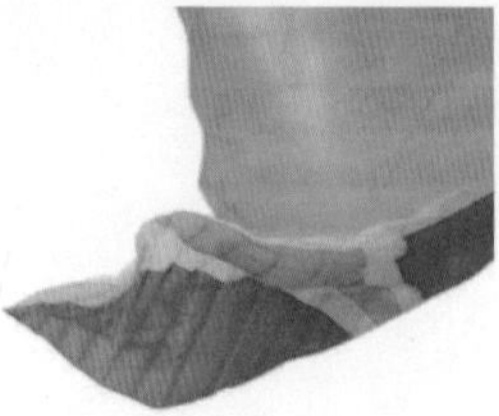

滑飛前一刹

廿人的義工團隊浩浩蕩蕩出發，六人一組，連人帶擔架放到肩上，嘉敏唯一能做的是喊「加油」。沿路高高低低，但隊伍朝氣勃勃。在交替搬運四五回、揮去很多汗水、踏遍很多梯級之後，終於到達西貢的昂平高原。

「很興奮，也很忐忑。起飛要看運氣，風向不對便沒得玩。」那是六個小時的耐心等待，義工把嘉敏抬到山邊草地，讓她看山看海，也看他們組裝和測試。這是她頭一趟來到這片山頭，眼前是西貢海，大大小小的島嶼散落在湛藍中，任陽光描上飛揚的色彩，好看得不得了。她看一會，和大家聊一會，又小睡一會，下午四時，終於等到風起了。

兩個「大力士」合力拋出嘉敏的一刹，她期待又害怕，但隨即感到自己在滑飛，心就開了。她在傘上無法回望草地，但是能藉風聲，聽到大家興奮的掌聲和歡呼。最記得撲鼻而來的青草味，那樣的青澀和濃烈，竟比剛才躺在草地上的感覺更甚。是因為感官受刺激變靈敏了？她覺得自己像被擁進樹叢和青草大大的懷抱裏，又自覺像飛得高高的鳥兒，不用再擔心雙腳不聽使喚。

←

沒有什麼是不危險的

短短五分鐘飛行，嘉敏説，她每一分鐘都努力記住，因為那是日後依仗着活下去的美麗回憶。

當天義工替她拍了一張即照即有，她一直放在輪椅控制器上，「很喜歡，無論如何不會拆下來。它代表我在輪椅上完成的第一個挑戰，而且那不只是我的努力，還有一班人陪我一起努力。因為那次成功，我想做更多。朋友常勸我不要做危險的事，我也被很多人推搪過，但我說，沒有什麼是不危險的。

「即使失敗，好歹我試過。如果連失敗都沒機會，是遺憾。我不要帶着遺憾離開。」

那以後，嘉敏又做了很多令朋友擔心的事，譬如玩「笨豬跳」，又譬如學潛水。

她一直想學潛水，只差找不到醫生願意為沒病因患者發健康證明。後來，在「路向」認識的Rabi介紹自己的教練，又幫忙找相熟醫生。「其實只要願意調整慣用模式，很多健全人士做到的事情，殘疾人士也能體驗。但願意改變的人不多。」嘉敏說。

泳池練習四五次後，嘉敏終於在二零一九年夏第一次海潛。「教練和學生拖着我一直往下潛。水裏沒有言語，只有手勢，我看到水草在動，聽到的只有水聲……」她十分享受那種寧靜：「其實人生不需要太嘈吵，靜靜的也不錯。」

有一種吊詭：行得走得時，習慣把自己綁在家中或辦公

嘉敏說，很多健全人士做到的事情，殘疾人士也能體驗，只要人們願意調整模式。

室案頭打拚，窗外陽光再燦爛，也只是開冷氣的提醒。「可是坐上輪椅後，卻什麼都想試；遇上阻礙，又後悔從前怎麼都不去做？」她語帶自嘲地笑了：「人就是矛盾。」

我們就是矛盾。

「當感到很多東西隨時會完結的時候，我反而思考更多，發覺自己這輩子，原來很多事情都未認真想過。要不是坐上輪椅，我可能不會上天下海，不會認識到你們，不會懂得獨自處理那麼多難題，不會看到這麼多，也不會明白那麼多，連生活空間也好像變大了。

「如果可以，用從前的活動能力，搭現在的生活態度，成嗎？」她笑得狡滑。

活着進行式 ←

最後一次訪問時，嘉敏一個人住進公屋差不多半年了。她安排家務助理上門打掃，沒聘外傭。只餘一分力，都要照顧自己，「待哪天我什麼都做不來，才『死死地氣』讓人幫吧。」這些年她習慣獨自解決問題，但也有沮喪時，「平時好像有好多朋友，可是有事時一個都找不到……孤單。」偶爾，她還是會墮入什麼都不想理會的壞心情，像病發最初。二零二零年很壞，出不了門，很多活動和課堂都取消了，上天下海的計劃只餘空想，

還好她領養了兩頭小街貓，家中隨時都有靈動的風景。

她上學了，在明愛專上學院。身體機能衰退，尤其視力喪失，令學習變得異常艱巨，但她始終期望有天戴上四方帽——美中不足是，她唸的哲學不是最愛。因為學歷資格等種種原因，她未獲心儀的特殊教育課程取錄，但會繼續嘗試。

她也重新習武了，這項運動不單帶她到外地參加比賽，還把她牽引回到從前的特殊學校。某次探訪，她跟校長聊起自己正在教有特殊需要的小朋友打功夫，對方便邀她當教練。能夠重新回到小朋友當中，用另一種模式幫助他們，嘉敏說是恩典。而且因為自己不再站着，而是坐在輪椅上教，她還體會到曾經錯過了的東西。

「從照顧者變成被照顧者，我才發現自己以前推輪椅的速度太快，小朋友看不到身邊景物，因為坐着感受的主觀速度不同，而且很多小朋友的眼睛都不好。

「有個說法『試過你就知』，但我想說，你用健全身體試坐輪椅，跟害病的人坐上去，是不一樣的，不要以為坐一坐就能設身處地。有沒有用心體會，才是重點。」

從此，她到不同學校做生命教育分享經歷時，都會花點時間介紹這些孩子面對的景況，「他們說不出來，我試着替他們說。」

上：為應付「鬼影變幻球」的視力，學習得借助特別器材。
下：獨居公屋，是好不容易的成功爭取。

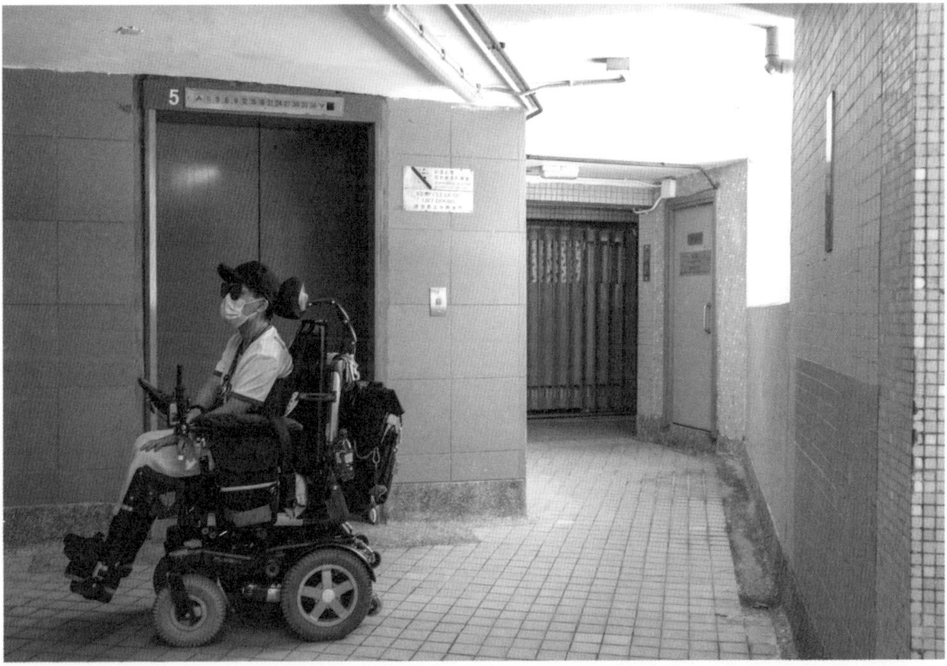

二零一九年，嘉敏在自己的生命贊禮上寫道：希望你們記得，那個無論怎樣跌倒也不放棄，仍然傻乎乎站回起來繼續走的嘉敏。

← 結局未揭曉

但有一事依然懸着。

訪問前的一年，香港大學病理學系臨床教授林青雲看到報紙，主動聯絡嘉敏，提出為她做全套基因檢查。林教授在媒體有「基因獵人」外號，對於罕見病的檢測方式鑽研很深。

「我至今仍然不敢打給他問結果，因為從前經歷過太多失望了。

「其實按幾個鍵打一通電話很容易，但我不敢。如果連他也找不到病因，我還可以朝哪個方向找？找不到可以維持現狀，如果找得到呢？現在大家都當我是罕病患者，若果基因圖譜發現我不是，怎算？沒電話來，我可以假設他還在努力尋找答案，可以不去問，保留一個希望嗎？」

想知道不想知道想知道不想知道想知道不想知道……

想知道，又不想知道。

嘉敏絮絮唸着，一會終於聽到自己的矛盾，笑了，「我一直在想這些，是不是傻傻瓜瓜？」

「即使失敗，好歹我試過。如果連失敗都沒機會，是遺憾。我不要帶着遺憾離開。」

然後我們都笑了。

←

後記

「如果到離開那天也不知道答案，是不是遺憾？我覺得是。」嘉敏自問自答。

她已經遞上申請，希望死後留遺體作大體老師。即使自己在世上時找不到答案，靈魂走後，或者可以請身體自己告訴解剖師？

「我總不相信，始終找不到答案。如果真的沒有，創一個新的出來吧！傷風感冒也有自己的病名啊！

「像找到新行星的人可以為它起名，不如就用我的名字當病名？」

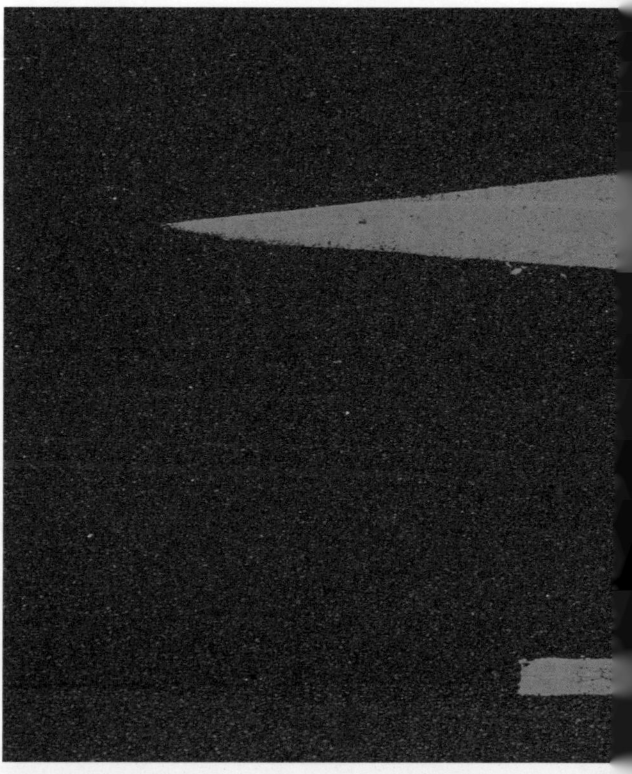

ROUTE 04 柳　冕

我的自尊感都在歌聲裏找回來

柳 冕

alive and singing

文 → 蘇美智

在社區復康中心，有大叔穿珠仔弄得滿頭大汗，有婆婆抵着大痛把又白又瘦的腿抬高幾分……這些動作，旁人看來「易過食生菜」，病友卻得借助器材從頭學起，鬱悶和不甘在沉默中瀰漫。

但柳冕不沉默，他甚至挺吵。輪到他用電動企床了，這邊廂才被豎直身子，那邊廂便扯大喉嚨亂叫亂唱。企床上的廿分鐘，別人萎頓地捱過，他出盡吃奶之力自行提升難度，務求練好丹田氣，唱好一支歌。

雖然坐上輪椅以前，他並沒有多喜歡唱歌。

← 十三歲的港隊代表

時光倒流三十多年，小小柳冕若是被召喚去練歌，大概會一溜煙跑掉。只是找他回來也不難，可以試試乒乓球桌、足球場、游泳池……總之，所有能揮汗的地方。

柳冕小時候是運動健將，游泳、籃球、乒乓球、手球、體操……全部都玩，贏了不少學界冠軍，三不五時就在小學早會獲點名上台領獎。「小學生讀書叻不會出名，運動叻兼長得高才會。低班同學仔見到我常常喊叫『柳冕哥哥！柳冕哥哥！』」柳冕笑得開朗：「偶像似的。」

他喜歡跑跑跳跳，一個禮拜可以踢五晚足球，不論陰晴

小小柳冕和媽媽

下雨；才十一歲便加入球會，十三歲成為香港足球總會青年足球代表隊一員，代表香港出戰內地、馬來西亞和日本等。高峰期，他一年請假六十天出戰海外，跟國際對手同場較勁，可惜交換了球衣，卻沾不夠別人的戰意和毅力。

畢竟，容易得到的，丟失也特別容易。

柳冕中學輟學，打算邊工作邊踢球。最初做銷售員，但常常請不到假；後來開小型客貨車，可是天天清晨到菜欄報到很累。捱了三年，決定退出球隊。那年十九，他正在愉園足球隊踢預備組，原本大有條件晉身甲組當職業運動員。要掛靴，掙扎嗎？「又不是很掙扎，因為沒有很大抱負，只是覺得又辛苦又不能為生……」說時有點尷尬：「後來回想才覺得，唉，好遺憾，當年為何不再堅持一下？」

老友到美國生活，柳冕也跟着去，過了四年邊學英文邊打工的日子。他認識了在美國做鐘錶貿易的老闆，跟他學做生意，之後見沒有多大發展空間，便答應幫對方到內地做買賣，並且留駐深圳。

二零零六年，柳冕三十歲。四月六日的晚上，像很多個在深圳的晚上一樣，他與工作伙伴如常耍樂，如常飲酒，直至凌晨。據說這是做內地生意的日常：在杯盤間攀關係，往往比實事重要。

「但那晚就是飲得不夠。」柳冕說。

← 可惜那晚沒醉倒

假如醉倒街頭，他們大概就會乖乖召計程車回家，之後頂多捧着馬桶難受一天，這篇訪問也大可省下。可惜沒有。同事覺得自己還行，決定開車送柳冕回家。那是Mini Cooper一類的微型車，車頂有點矮，柳冕又長得高，坐進去差不多要碰頭了，但沒有人覺得礙事，反正已經繫上安全帶。

「嗚哇~嗚哇~嗚哇~！」引擎開動後，同事在駕駛座上興奮怪叫，車子則隨心所欲左右飄移。夜風竄進搖下的車窗，高速撞擊耳蝸，變成呼嘯；光燦燦的街燈調和酒精，化作一顆顆流星，落入眼簾。城市都半睡了，只餘幾部失眠的車子偶爾滑過。突然，柳冕坐的車失控撞上路肩，像電影特技般連翻幾個筋斗，再着地時，四個輪子都朝向天上了。

這就是扭轉人生的瞬間。之後，朋友自行爬出車廂，走到公路上察看。只有擦傷，沒有流血，看來一切還好。可是柳冕的感覺奇怪極了：他沒有感覺。動不了，唯有催促友人趕快召喚救護車，路人則合力翻轉車廂，把柳冕抬出車外。

他像一個巨型布娃娃，軟趴趴的，被攤放馬路上。

不安感伴隨困難的呼吸，愈來愈濃重。

柳冕不痛，而且一直清醒，甚至能察覺自己胯下滲出大灘水跡，已經無法控制排尿了。他主動要求內地救護車送到關口，通知香港急救車來接，直奔沙田威爾斯親王醫院。磁力共振掃描確認他頸椎神經線受創，估計是頭撞車頂的緣故。

他記得，醫生說必須開刀拿走兩塊軟骨，「讓路」給腫脹的頸椎神經線；他也記得，推出開刀房後，醫生說手術成功，可以做物理治療重新學步——聽了真舒心，彷彿今生今世，還有機會再次用自己的力量踏出一步，似的。

「最慘是錯誤期望。」柳冕說。

大便很臭，護士很忙

不消多久，他便發現這個手術原來沒有很成功。頭部以下依然沒感覺，動彈不得，只能直望天花板平躺，連借電視光影來逃避殘忍的現實，也無能為力。大便很臭，護士很忙，他分分秒秒盼着探訪時間，等家人來餵食、送水、洗臉和抓癢。

自尊最傷。第一次換尿片，當那條沾滿糞便和尿液的尿布被抽走時，柳冕覺得一大片的自己也跟着捲了進去。後來換片沒那麼難受，因為更難受的在後頭——護士清洗尿喉時，竟然帶同護士學生來上課，不問病人意願便逕自在他的私處動手示範。柳冕被一群廿歲上下的女生簇擁着，完全沒有三十歲男生的自覺，變成癱在病榻上的一堆肉。

他向家人要了一部收音機，來關掉思想的門，天天遁入喧鬧的無線電波。日間他不哭，因為沒法抹走眼淚。眼淚都留在夜裏決堤，在大家都走了、耳筒被拔掉之後。「一開始想東想西便驚。以後還會不會好？前途怎樣？我未婚沒女朋友未生仔，爸媽年紀又大，真的要他們倒過來照顧自己嗎？生不如死。」「生不如死」這四字常常被用得很濫，但是柳冕覺得，再沒有更準確的描述了。

洗澡：痛苦裏最美妙的事

在苦難中最好的事，是轉到大埔醫院療養後的洗澡。意外後，他整整一個月沒進過浴室，那是第一回，也是人生中最快樂的一次。「因為反差太大。」他說。

水床上，兩個戴上手套拿着刷子的嬸嬸合力招呼他，邊刷邊討論：怎麼那樣髒？有毛的地方都卡住了！但柳冕只知道陶醉，讓胸口對上僅餘的皮膚觸感，享受水流滑過的歡快。洗頭是最美妙的，才幾下抓搓，已經為頭皮帶來強大的滿足感。

但也是在這間醫院，醫生告訴柳冕，復原機會很微。「像判死刑，整個人立即下沉，關機了，之後很少話，也吃很少，心理學家和神父來看也不理，什麼都聽不入耳。」

既然西醫沒辦法，家人決定帶柳冕北上另覓高明，先是中山的醫院，「針灸、物理治療、高氧壓、手部職業治療……像返工，天天朝八晚五，什麼都從頭學起，由專人捉着手幫忙做。」密集治療有功，未幾柳冕便拆除尿袋，手腳也添了感覺，甚至能稍稍挪動。因為有希望，整個人再次生氣勃勃，那時留下來的照片，全部都笑得開朗。但不久後，治療陷入樽頸，康復慢了腳步。

在內地三年間，他們到過一個又一個城市，換過一間又一間醫院，試了一種又一種治療。水療、氣功、拔血罐，滿有實驗意味的幹細胞治療，以及媽媽的符水……

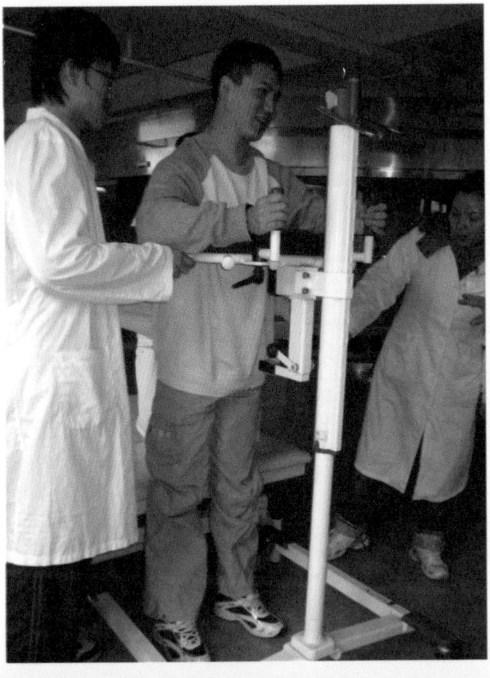

柳冕在內地醫院接受治療

「後來那些是雜亂求醫，完全沒用，很辛苦，幸好沒後遺症。」

錢花得差不多了，唯有返回香港的家，然後發現，沒有密集治療的日子很可怕、社區很可怕。

「之前在內地天天出入醫院，身邊全是病人，坐輪椅不稀奇。回到香港踏入社區，最大的不適應是：怎麼街上個個行得走得？」柳冕說：「我聽過很多難聽的話，遇過有人細細聲講：『哇，呢個咁後生，梗係前世做陰騭事多，報應！』去酒樓，有小朋友問：『點解哥哥咁大個要人餵？我都識自己食飯！』」路上，他把頭顱低低垂下，迴避目光接觸，任工人推到哪裏便是哪裏。

QQ一切如常

後來他索性不出門，在QQ視頻向網友假裝一切如常，「對方不知道我傷殘，玩得好開心，什麼都不用想，便什麼都不怕，完全不自卑。」他們會看到怎樣的柳冕？「捉棋好勁、玩遊戲好叻，象棋、鬥地主通通都會，喜歡開玩笑，好樂觀，好多偈傾……」像從前。

從早上起床到晚上入睡之間，他都躲在房間裏，虛擬生活差不多就是整個生活。

這樣過了一年，媽媽終於開口：「仔，你真的打算這樣對着電腦一世？」

柳冕記不起媽媽那時的語氣了，倒記得自己很凶地回嘴：「咁又點？我殘成咁廢成咁，仲做得啲乜？你唔好理我！」憤怒、激動，彷彿受傷的野獸。

柳冕是媽媽最小的兒子，孻仔孻心肝，不離也不棄。她把來自現實世界的、「路向」的朋友邀到家裏來探望兒子。

早在大埔醫院時，柳冕已經知道「路向」，那時義工來訪，經鄰床病友介紹抄下柳冕的資料。但沒多久他便北上求醫，失聯。

二零零九年，「路向」探訪隊的輪椅義工和職員來家訪。柳冕原本不抱期望，卻沒想到愈聊愈投契。他遇過的，他們都知道，而且知得更多，都是走過深谷的人。「原來四肢傷殘也可以四圍走做探訪，而且很多同路人陪着走，不會孤單。」柳冕說。

探訪隊裏有許毓青，他邀請柳冕加入「路向」的唱歌班。

柳冕不是特別喜歡唱歌。意外前他常常到卡啦OK消遣，但專項是說笑和飲酒，唱歌只是給酒精間場。意外後在廣州療養，有次朋友聚頭，起哄點唱柳冕從前的「飲歌」，「想用一杯Latte把妳灌醉，好讓妳能多愛我一點……」才四句，歌聲便戛然而止，不夠氣。同行女子錯愕地哭了起來。在集體的不知所措當中，只有柳冕抓着米高峰努力地打哈哈：「我還未哭，你哭什麼啊？」酒精是所有情緒的激化劑，包括憐憫。

所以初入唱歌班時，柳冕最盼望的不是唱歌，而是同路人的伴陪和平常心。

快樂的星期五 ←

「路向」在將軍澳，柳冕住大埔，每次來回都在路上花掉三個小時。開始時，要媽媽和工人陪着才敢出門，人多就驚。可是到了中心，便立即換轉心情。班上有六七人，人人選一支歌，由現場樂隊伴奏輪流練習。等候時間長，大家把輪椅圍成一圈，吃着聊着等，聊的都是輪椅人士關心的話題，「很久未試過那樣開心，每個禮拜都期待。」

有唱歌班的星期五，便是快樂的星期五。而快樂是一種力量，不單幫助柳冕克服出門的恐懼，還漸漸令他對唱歌認真起來。

「俗語說『死淨把口』，既然我只能做一件事，我就努力做好它。」他說。

練氣最難。常人唱歌，站起來唱更有氣；他相反，一站

立（用機器輔助）便氣短。社區復康中心有電動企床，可以做站立訓練。這是病人苦力，個個都站得垂頭喪氣，甚至累極打瞌睡。但，柳冕很吵，他要訓練橫膈膜來唱歌。

「我想，如果站着也唱得出，那麼坐下來唱便容易。所以我一站起來就亂說話、亂唱歌。開始時小聲唱，但之後覺得，橫豎都要在人前表演，不如盡情大大聲唱。」其他病人有什麼反應？「有人欣賞，讚我聲底好；其他人沒反應，應該嫌我煩。」說着，他笑得詼諧。

柳冕在企床上練足四年，才自覺能夠重新運用丹田氣，雖然只及從前六七成。這些艱苦訓練把他帶上舞台，先在協會唱歌給會員聽、然後代表「路向」到其他機構演唱和分享、與健全人士在歌唱比賽同場較勁奪得冠軍、到大型活動表演、上電視台獻唱、後來還大着膽子在街頭演出（busking）……

你沒看錯，是busking，而且是柳冕自己的提議——那個曾經恨不得在路上隱形、因焦慮幾乎無法出門的柳冕。

「我和阿青（許毓青）常常上YouTube看別人busking，看着看着，覺得自己也做得到。最初有結他手，後來改放純音樂，兩個人一個喇叭兩支咪便出動，由工人幫忙搬器材。

柳冕和背後雀躍的小朋友

「第一次是二零一八年，在將軍澳寶琳站外，初時以為不怕，我還說要唱第一支歌，可是來真時卻『面懵又淆底』，結局還是推阿青先唱。」他靦腆地說：「街上不是人人都喜歡聽你唱歌，試過有人報警投訴太嘈；但是即使沒人欣賞，也不能停下。」因為The show must go on。

他坦言，輪椅人士賣唱吸金力較強，但是有些打賞令人忐忑，「試過有人根本沒聽，經過就放下錢，也許以為我們是乞丐？」最開心是，像走馬燈那樣的路人終於停步，慢慢圍成一圈傾聽，「有大叔走上前說：『陳百強這首好聽，你們下次唱給我聽。』」挑戰大，滿足感也大。

這對拍檔在寶琳站外、尖沙嘴海傍和中環摩天輪幾處，合共演出了六七回，直到街上不再是安全表演的地方。「我的自尊感都是在歌聲裏和在台上找回來的。」柳冕說。

←

淚點、笑點，都沒相干了

柳冕有一張攝於生命教育講座的照片。在小學禮堂裏，他笑容可掬地接過老師送贈的紀念旗，身後的小學雞則一個個雀躍地舉手，做勝利手勢。我好奇，怎樣的分享讓孩子們那樣興高采烈？柳冕笑說：「他們一聽到換尿片呀、插尿喉呀、嬸嬸幫忙沖涼呀，就笑到抖唔到氣！」

猶記得第一年參與講座，台下小觀眾像被集體點穴，若非呆若木雞，便是睡得不省人事。他覺得長此下去不是辦法，便決定改變策略，先從自身經歷中提煉出笑點——小學雞笑點，再分享珍惜生命的體會，現場氣氛一下子變得熱絡起來。他還分享一個觀察：小朋友往往笑得樂不可支，大人卻想笑又不敢笑，心裏慽得很。

但那些都曾經是自己的淚點啊，不難過嗎？

「都那麼久了，不會啦……」柳冕輕輕笑了一下，好像真的沒相干似的。

他在朋友聚會上，結識了不坐輪椅的她——

拍拖甜蜜又尷尬。兩口子多在大型商場見面，因為要有輪椅駛得進的食肆和傷殘人士廁所。最初無論做什麼都要算上外傭，直到女友學懂照顧後，兩口子才終於不用三人行，爭取更多獨處時光。

求婚是哄動的。場景是二零一零年的國慶煙花晚會，他找了「路向」的兄弟來幫忙，趁自己上台獻唱之際，一人一支花送到女孩手上。在自己的歌聲和賓客的騷動中，那個捧着花的女孩應允了，柳冕心裏開花。

在酒樓見家長很忐忑。雖然拍拖年多了，但那是第一次跟女孩的爸媽見面。對方開門見山：「你這狀態，連自己都照顧不了，怎樣照顧我的女兒？」他沒料到這一問，空氣一下子凝住了……

我不禁追問，這是必答題，事前沒演練過嗎？「沒想過他們會問，也沒想過要答那麼多問題，以為只是食餐飯。」他答得純真，也有點尷尬：「想深一層，他們嫁女，問也應份。其實我的自卑感一直都在，但那時有人願意關心，肯跟這樣的自己一起走，便沒想太多。」最後他這樣回應女孩的爸媽：自己的雙手雖然不成，但腦袋還好，也有工人幫忙，你們的女兒不用很辛苦地照顧我。

婚後一年成為爸爸，是柳冕一幕重要的人生風景。他記得自己捉着太太的手，也記得產房裏的各種聲音：醫生下刀剖腹時「卜」的一聲，像劃破氣球；嬰兒的哭喊，激動又有力；還有醫生的話，「認住小腿上的胎記，這個BB是你的。」

一加一減

從此柳冕添了一個親人，一個他從來不敢奢望的親人，「我當然想要小孩，但是得了這個傷，根本不知道能否生育。所以他來了，我好開心！」只是沒想到，一加之後是一減。當上爸媽後，他和太太的分歧愈大，愈吵愈凶，終於走上離婚一途。在兒子兩歲那年，正式從夫妻

Busking中的柳冕，不過這回的拍檔不是阿青。

變為共同撫養人。

我初到柳冕住的村子，在街號謎題中暈頭轉向，忽然看見一個矯健的小身影在遠處蹦蹦跳，原來是來引路的小童。當年爸爸要認住小腿胎記的那個娃，今年九歲了，俊朗又可愛，面對陌生人有一點害羞，但很樂意幫忙，而且像爸爸一樣愛笑。訪問開始，他一臉好奇圍着爸爸團團轉，有時還忍不住用童言童語插嘴，譬如聽到爸爸小時候考試不合格——「唔係吖嘛?!」

他跟爸爸和嫲嫲一起住，是家裏一道生氣勃勃的風景。

討論離婚之初，媽媽曾經想帶走兒子，但柳冕答應全盤承擔孩子的生活費，堅決把他留下。現在，媽媽每週兩晚下班來教功課，逢週六接他回家過夜。兩個大人的關係不算和睦，偶爾有磨擦，但是柳冕佩服孩子的媽有恆心，這些年來一直堅持為兒子操心和牽掛。

「如果她那時帶走了兒子，我的人生應該會變得很低沉……不敢想像。」

在輪椅上做帶子洪郎不容易。兒子還是小嬰兒時，愛睡爸爸大腿，於是爸爸便一直坐着一直坐着……直至股上長了疼痛難當的壓瘡。入學前上遊戲班，爸爸每次都開電動輪椅送兒子前往。五分鐘的路程，在爸爸膝上童言童語，是父子倆的快樂時光。可是他總是在早一個街口提前放下兒子，讓外傭牽着他走最後一段路。柳冕怕同學看到傷殘的自己，會歧視兒子、說難聽的話。

「這是我爸爸！」

直到後來一次放學，柳冕如常守在遠處，沒想到兒子眼利，丟下外傭飛也似的跑來，邊跑邊快樂地喊叫：「爸爸！爸爸！」站定後，更忙不迭向身邊的小伙伴介紹：「誰誰，這是我爸爸！」好驕傲好開朗。

神氣小子哪裏會知道，才一下子，他便用快樂注滿爸爸的心窩，把這個情景牢牢刻鑿在爸爸的記憶裏。

「好感動，原來是我想多了，兒子根本不介意。之後我便直接送他到學校門口，學習放開。」柳冕說：「後來回想，根本是自卑感作祟。只要心態轉變，即使面對同樣的目光，自己的看法也會變。譬如說，從前上街很多人望，我怕他們嫌我奇怪又可憐。現在路人多望兩眼，我對自己說：或者他們只是覺得你的ＢＢ得意，又或者因為我靚仔？」

爸爸對兒子的期望很簡單：健健康康，做個好人，至於讀書成績，不是最重要。兒子大抵遺傳了爸爸的運動細胞，手腳協調好。想到自己無法親自教他踢球游水，柳冕難免有時不甘心。

柳冕說：「但或者我該慶幸自己這個樣子，沒法上班，所以和他多了很多親子時間。他很疼我，也愛親近我，有時會無端一句『爸爸我愛你』，又愛爬上床躺在我身邊，夾住我的手臂說：『爸爸，我們一起看電視！』」說到這，兒子不知從哪裏冒出來，飛快在爸爸臉上香一個，吻完便跑開。

連旁觀的都要融化了。

「只要心態轉變，即使面對同樣的目光，自己的看法也會變。」

孩子慢慢長大，柳冕近日在思考，怎樣好好利用以後的日子——能找到工作嗎？抑或更積極地走出來分享生命故事？在歌唱路上嘗試更多？雖然未有具體方向，但他蠢蠢欲動。畢竟，人生才過了一半，「還有能力的時候，希望做到更多。」

對比當年回應媽媽的那句「我殘成咁廢成咁，仲做得啲乜？」恍如隔世。

因為心態改變，柳冕說。

後記

柳冕現在到處分享生命故事，也會像當年「路向」探訪隊把他從虛擬世界拉出來那樣，到訪同路人的家。某次家訪聽到的一句話，教他觸電至今。

那位住公屋的病友才三四十歲，傷勢嚴重，得插呼吸機躺床上。傾談間，對方的媽媽提到兒子用的特製電腦，因為廠商倒閉無法更新，慨嘆：「唉……如果我阿仔好似你咁，就好啦！」

柳冕心中，立即蹦出很多粗體的疑問驚歎號。病友媽媽口中令人羨慕的「你」，甚至不是雙手能有限度郁動的柳冕，而是站在他旁的李遠大——阿大雙手都不能動，要借助紅外線眼鏡操控電腦。

「我整個人為之一寒，心想：唔係吖嘛?!我聽過『你殘成咁好可憐』，但從沒想過只得頭部能動的，也會惹人羡慕！我覺得很荒謬，那句話太爆炸了，之後什麼都聽不進去，也記不起阿大最後怎樣安慰她。」

真實的體會最有力量。後來他把那句話一次又一次的帶到台上：原來只有頸部能動的人也會有人羡慕，那麼雙手能動的猶如自己，以及四肢齊全的如台下諸位，原來都是人生勝利組。

ROUTE 05 梁子微

鑲了鐵的蝴蝶

梁子微

an iron-cast butterfly

文 → 伍成邦

本來，她是一隻蝴蝶，那年十八歲，隻身飛往英國，求學求職，結婚生子，在種族歧視仍普遍存在的社會裏，當上國際化妝品牌地區經理，閒來還去當義工，在社區、在公司、在友儕間，她的出現猶如穿花蝴蝶，生活多姿多彩。

蝴蝶雖美，卻是短暫璀璨。那年，才三十一歲，在英國與朋友外遊，發生嚴重交通意外，令她傷及頸骨，當場陷入昏迷，一度失去呼吸：「車禍後，爸媽即時飛來英國，不出三日已經在我身旁，望着昏迷的我……」醫生表示，即使蘇醒也可能變作植物人，言下提醒家人，要是選擇放棄搶救，院方是可以讓她在昏迷中靜靜死去。父母對醫生表示，不論救回來是植物人抑或全身癱瘓，她都是我家女兒，要救！家人堅持與醫生努力，合力把她從死神手裏搶回來。

蝴蝶獲救重生，但從此四肢癱瘓並失去自行呼吸的能力，在家終生駁着呼吸機，萬一停電或喉管鬆脫，就只有三分鐘時間重新接駁；外出時，受制於那部每分鐘「供應」十四下電流的膈神經傳導器，藉刺激橫膈膜來推動肺部呼吸，廿四小時要人侍候，坐輪椅時像鑲在鐵上，要用安全帶繫着身體。大家以為「鐵蝴蝶」不能再飛了，就連她自己都曾經想死：「但我全身動彈不得，連死的能力也沒有。」

「出事當天，風和日麗，我和幾個朋友駕車到英國海邊玩。在高速公路上，前面車子的行李沒紮穩，忽然向我們飛過來，司機朋友轉軚閃避，隨即翻車，撞到路邊。我也因為這樣，頸骨折斷，當場昏迷，失去呼吸。」

這場車禍，只有子微嚴重受傷，同車三位朋友，包括司機，除皮外傷，一點事也沒有。「我當然替他們高興，也不想他們出事，但人總會有時候迷失理性，我想：為什麼會選中我？我有埋怨司機，他就是我當年的男朋友，我覺得為什麼他不可以保護我？為什麼他沒有緊握軚盤？當時沒有其他車輛，而前面車子又不是撞向我們。如果軚盤握得穩，未必會翻車。」

更弔詭是，梁子微其實當時正打算和這位男友提出分手。「出事當天是六月三十日，我已買了七月初機票返港，打算離開英國前正式分手，我們並不適合對方，他也應該知道我的想法……我甚至想到，他向來是個好司機，這次是否某程度上故意不小心，如我有小損傷，可以把我留在英國，趁機照顧我，讓我感恩？只是他沒想到出大事？」

翻車後，司機男友把她從車廂中拉出來。「這件事大家要記着，一個傷者昏迷，盡量不要移動他們。可能因為當時他拉我出來，所以扯斷了中樞神經。如果沒有移動我，我的中樞神經未必全斷，不致弄到如斯地步。」

「車禍後，爸媽即時飛來英國，
不出三日已經在我身旁，望着昏迷的我……」

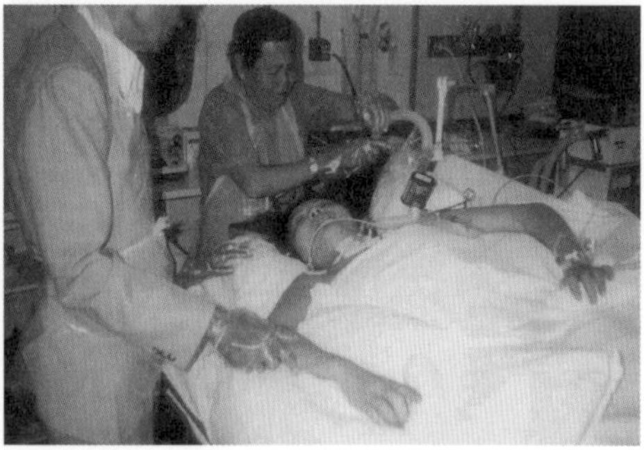

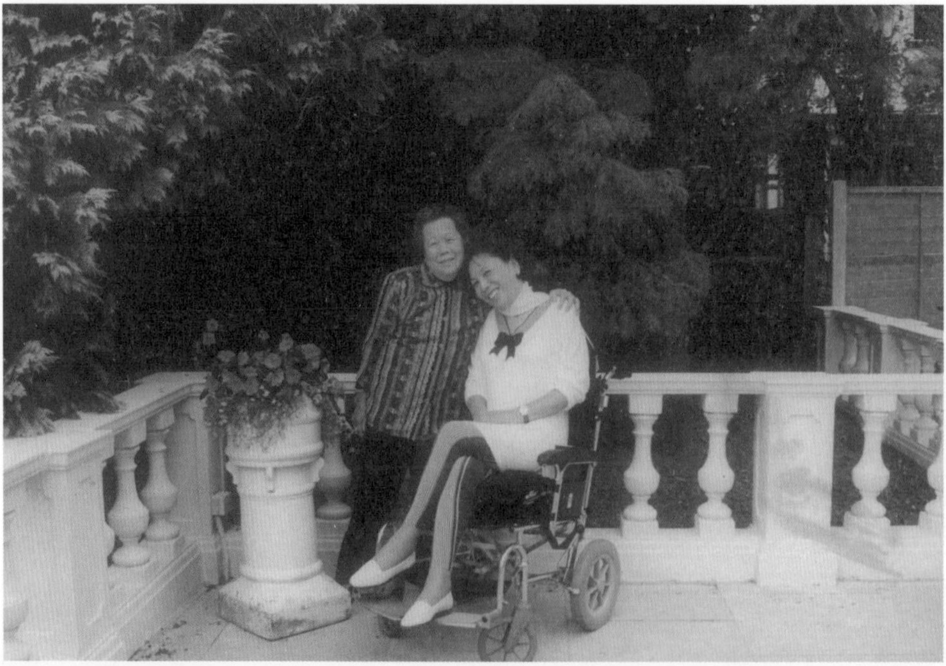

意外發生後，兩個男人忽然齊齊爭寵，除司機男友，還有已經分居一段日子的丈夫，齊齊嚷着要來照顧梁子微：「當時很多糾纏，叫做兩位男士在爭我這個女人，我不知那是真感情還是什麼，很難選擇。對丈夫，我們已經分居；對男友，我心中有恨……」

事隔多年，子微與前夫仍保持良好關係，偶有問候；但那位司機男友，已經沒有再聯絡，大家都不想舊事重提：「其實他面對我時，又能夠做什麼呢？我曾經埋怨多年，但今日已不再怨，不再提，我明白，這是一宗意外。」

最遺憾是，出事時，兒子年紀尚輕，只有十二歲，從小到大都很乖，很易照顧，但自從子微出事後，直至今天，仍然接受不到：「他覺得，為什麼？為什麼上天對他不公平？有這樣事情發生在他媽媽身上？會怨、會問。我這個手腳不能動的媽媽，跟很多人一樣，也會遇上孩子生病，當他需要呵護時，其實我多麼想抱着他說：孩子，沒事的，吃藥就會康復。我只想抱一下，但手腳不能動，完全做不到，是我最大遺憾。」

憶念亡母　辛勤堅毅 ←

梁子微小時候家境清貧，白天隨母親挑着兩擔魚往大埔街市開檔，更要不時「走鬼」，逃避小販管理隊；中學後，原本在魚市場當買手的父親有點積蓄，自行開舖，把魚類批發給小販，生活才見好轉。

「媽媽是傳統客家女人，吃得苦、愛家庭，甫天亮便趕往批發市場買魚，然後用擔挑擔着兩簍魚到菜市場，蹲在街上賣，夏天日曬雨淋，冬天天寒地凍，伸手進冰水裏拿魚，寒氣刺骨；更不時被魚鰭插進指甲縫裏，十指痛歸心，雙手經常沾水，久傷難癒。」

一九六七年香港制水，每天供水十六小時，逐步惡化至每四天供水一次，每次四小時：「我挑着水桶輪街喉，擔水給媽媽洗魚和清潔竹簍。有一天，錯過供水時間，不知如何是好，幸好水龍頭閂掉仍在滴水，於是放下水桶耐心等待，等水滴注滿才帶給母親。」

有一晚，颱風襲港，卻是溫馨回憶：「因為打風，魚市場無魚可賣，媽媽很早回家，那是少有能全家人同枱吃飯的機會。我要準備翌日默書，還記得，課文講海鹽如何製成，飯後媽媽陪我一起唸書。然而，她童年時家境貧困，根本沒有上過學校，是個文盲，但就是有這份耐心，在昏黃燈光下，邊剝花生，邊聽我唸課文，這份溫馨暖意，今天仍在心頭。」

車禍後，父母趕到英國看到躺在牀上陷入昏迷的女兒，咽喉開了洞，接駁呼吸機；鼻孔插了喉，直達胃囊，輸送營養液；頭頂鑽開幾個孔，鑲着支架固定位置。昏迷一周，子微才蘇醒過來：「初期用很多藥，我好像很清醒，但其實不是很清醒。」隨日子過去，藥量減少，身體想動，但四肢全無反應，當醫生坦白說出全身癱瘓的事實時，子微覺得：「我不再屬於這個世界，我已經無份、已經被遺棄！手腳不能動，還有什麼人生樂趣，還可以有幸福、有事業、有婚姻、有家庭嗎？廿四小時被人看顧，全無私隱，所有事都要靠人，當時感覺絕望，我向醫生尋求安樂死。」

醫生回覆：第一，法律不許可；第二，醫生職責是保住性命，怎會幫病人去死？「我想過跟醫生打官司，要求安樂死！但某程度上我也是實際的人，知道沒可能有錢打官司，更無可能反轉英國法律。但仍然自怨自艾，沉在黑洞，抓着不開心的事。」

母親背影　當下覺醒

子微開始可以進食，第一啖入口是雪糕，有久渴逢甘露的喜悅，但很快再被抑鬱情緒蓋過：「小時候，我是個肥妹仔，早晚嚷着：我要減肥，我要減肥！出事後，我已經不再需要減肥，因為我對所有食物都沒有胃口。但有一天，我心血來潮，整天沒進食的我，跟媽媽說：媽媽，我想吃咖喱！我頓時看到，一直陪伴身邊、愁眉苦臉的媽媽，忽然展現笑容：『你想吃咖喱？好好好，我出外買！』然後，她很快跑去買來咖喱牛肉。我望着她跑出去的背影，忽然有一種醒覺，我一個小小要求，她便如此開心。」

媽媽離開病房的背影，為子微帶來人生重大轉變：「我開始走出陰霾，明白自己正不斷傷害身邊最愛我、最關心我的人。由早怨到晚，無補於事，我不會因而康復。我開始了解『既來之，則安之』這句說話，倒不如好好把握時間，多做有意義的事情，讓父母不再那麼難過。」

子微感到愧疚，從前在英國生活，家書不多，如今出事，父母便馬上撲來侍候，自己不能再叫他們失望難過。出事後，她拒絕下牀，但現在感到不能再沉淪下去，要接受輪椅。只是頸部經過長期固定，肌肉萎縮，初期要坐高背輪椅才能承托，經歷一年多，頸部肌肉回復功能，她才能抬起頭來。

除努力適應輪椅，她還開始看電視。子微素來是個戲迷、電視迷，但出事之後覺得自己不再屬於這個世界，於是不再在乎外面發生什麼事。願意看電視，是個好現象。然後，她開始看相片，要全身癱瘓病人回看從前樣子，並不容易，但子微開始看：「那些相片像回帶一樣，重現前塵往事，以前是怎樣，現在又怎樣？」

子微開始重新融入世界，開始再度跟人談話——即使今天，子微坦言仍未能完全接受這場車禍而導致的身體狀況，但與意外後初期相比，現在已是兩個世界的人。

醫院一住就是十六個月，然後轉往復康療養院又是幾個

月：「我從來都是個不甘心的人，不甘心就這樣癱瘓，不甘心完全不能工作。但另一方面，我明白，過去已經過去，我要向前行。」

子微重投社會，首先為這宗交通意外打官司。從保險角度計算，人命只是一個銀碼。人死了，只計算賠命的錢；倘存活下來，要計算的貴得多，醫療、護理、助手、生活開支，尤其要保持傷者意外前的生活質素。

官司拖了五年，梁子微不但存活下來，而且登上英國《泰晤士報》頭條，因為，她獲得一筆打破英國保險業界紀錄的交通意外賠償，足以支付往後的生活開支。在官司拉扯的五年期間，子微需要配合當地律師定期開會，令她對法律產生興趣，於是在一九九四年進入英國中部大學（University of Central England）修讀法律，成績名列前茅，足以拿到獎學金，並一如其他學生，在當地法律事務所實習。

一九九九年，當梁子微得到法律學士後，香港傳來壞消息，母親在大埔汀角路被車撞倒，這回，她立刻撲回香港：「母親在沙田慈氏護養院昏迷兩個多月，兼且腦中風，醒來時，也是全身癱瘓。母女二人也全身癱瘓，是命運抑或巧合？更糟是，她已經不認得親人，住院兩年，離開人世。」直到今天，子微仍然捨不得母親離世，但每當想到她所受的病苦，理智告訴她，接受解脫，也是放下。

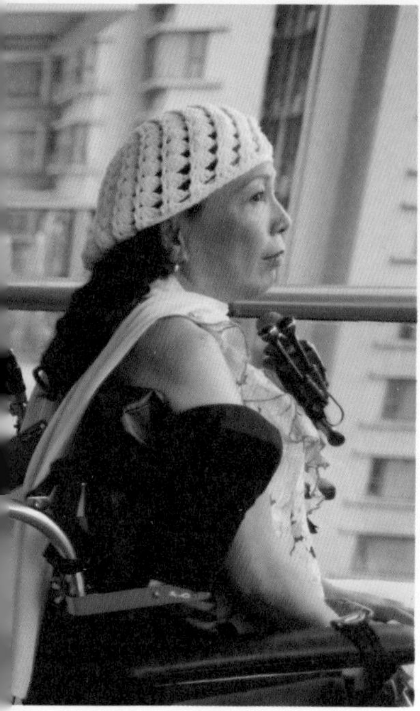

「是，我很樂觀，不輕易被生活困難推倒；
只是有時過於熱誠率真，誤以為別人也同樣將心比心，
讓我情感受創，但我依然會笑臉迎人。
我笑臉迎人不是假的，我希望開心地迎接每一天。」

子微覺得對不起父母，尤其母親：「我小時候滿有自信，跟媽媽說，我會好好讀書，我會成功，但當年我游說她讓我到外國讀書後，很快便放棄學業，結婚生子；我又曾經跟她說，我會富有，將來給她買屋，要有花園洋房……怎知多年後，我也沒做到，反而，成為媽媽的負累，仍要她照顧我，為我擔心，這件事讓我覺得很遺憾。」

但感恩的是，子微從母親身上承傳不少優點，刻苦耐勞、愛護家人、疼惜兒子，還有樂天性格，一切都是她逆境求存的生活信念。「是，我很樂觀，不輕易被生活困難推倒；只是有時過於熱誠率真，誤以為別人也同樣將心比心，讓我情感受創，但我依然會笑臉迎人。我笑臉迎人不是假的，我希望開心地迎接每一天。」

梁子微嚴重癱瘓，事事靠人，吃喝拉睡、洗臉抹身、上牀下牀，都要靠人，內心並不好受，但母愛讓她感動、友情讓她溫暖，還有四方八面伸手援助，讓她感到人間有情。她決定，要放棄的不是生命，而是自怨自艾的觀念，惟有如此，才能跳出陰霾，勇往直前，讓生命從新起動。

蝴蝶重生　撲翼前行

其實，當梁子微返港探望母親時，已經意識到要回港定居，既然留在香港，最好繼續讀書。子微開始了解各大

學環境，暑假期間，去了香港浸會大學，在沒有預約情況下，幸運地遇上當時傳理學院院長朱立教授，雙方談得投契。

入學前，再獲浸大新聞系主任黃煜教授接見，子微形容，黃教授態度友善，充滿關懷，只擔心學校硬件能否滿足她殘障需求，並引領子微遊覽校園：「堂堂一位教授，帶我遊覽校園，參觀課室，介紹設施，令我感動。」

從英國回港，子微先把英國助理團隊帶來，安頓生活後，再與她們解約，送返英國，然後在香港重新招聘菲傭印傭，訓練她們成為助手。可以想像，單是助手們拿書本給她閱讀的角度和距離都有差別，其他生活細節，更要重新適應。

開學前，黃煜教授對梁子微說：「身體上你是殘障人士，但其他方面你還是挺好，所以導師在學習方面不會有任何特別照顧，你要憑自己能力與努力獲得應該獲得的。」

「梁子微能夠克服困難、克服自己，堅定地走下去的精神，對我影響很大。像她這種狀況，一般人只想到生存而已，哪裏還想到求學或者服務別人，不停地讓自己得到精神滿足……人人都會碰到困難，總有不如意，但想想與子微的困難相比，一切都變得很渺小。她是最特別、最了不起的學生！」黃煜教授說，梁子微讓他感到驕傲。

梁子微在浸會大學求學過程中從沒有要求特別照顧，黃煜教授說：「其他人也許不清楚，梁子微要完成一篇論文，比其他人至少要多花三倍時間，而她做Power Point還蠻有創意，往往令同學感到驚訝。」

在求學期間為了節省時間，子微經常臥牀讀書，因為每次離牀，助手均要拆除及重新接駁呼吸器，由牀上移到輪椅，過程像打仗。當中還要壓痰、抽痰，為四肢做按壓、放鬆關節等連串動作。由於頸部以下全身癱瘓，下牀轉坐輪椅時，血液會由平臥轉往下衝，腦袋馬上天旋地轉，解決方法只有等待，這一等幾乎一小時。

每天外出前她都想過放棄。「很辛苦，我不想再經歷這過程。尤其下牀首半小時至一小時，呼吸困難，頭暈作嘔，更換衣服時已知道將要受什麼罪。很多時不想下牀，也曾經有好幾次打電話告訴別人感到不適，取消約會；但多數會迫自己下牀，我不能這樣一世躺在牀上。迫自己下牀的方法是把時間表填滿，那我總不可能逐一打電話推掉，我是有責任心的，會盡可能應約。」

回家上牀前，又要重複一遍拆喉駁喉程序，再做抹身清潔等護理，一切都是時間，故求學階段，她寧可臥牀讀書，每天至少節省三小時。

碩士課程為期兩年，每周兩晚，例必早到。黃煜教授稱讚梁子微溝通能力好，思考觀點細膩，交來作業，在班中都是比較上乘，結果，她以「優異」成績畢業；但在博士研究，卻差點要放棄。

當梁子微決定要進行博士研究前，黃煜教授曾經告誡：「博士研究是一個枯燥艱辛的過程，比攻讀碩士更辛苦。」

早說過梁子微其實是個戲迷、電視迷，攻讀傳播學最大動機是畢業後做個影評人，平時閱報也特別愛看娛樂版，那為何選讀新聞系？「因為黃煜教授，他是我的伯樂，提攜我、鼓勵我，選擇新聞作為博士研究，部份原因是報答黃教授知遇之恩……我清楚記得，讀電影的學生在看電影，分析電影，看幾百套都可以；我做研究，乾巴巴拿着報紙，要看幾千份。我其實多麼羨慕那些看電影當做功課的同學！」

雙重打擊　萌生退意

素來視求學為享受的梁子微，自信十足，哪怕旁人看見她讀書前，要全書每行編上號碼才能清楚引述章節；她往圖書館借書，要靠助手把書拿下，為她翻開，不合用又要靠助手放回，重新再找。

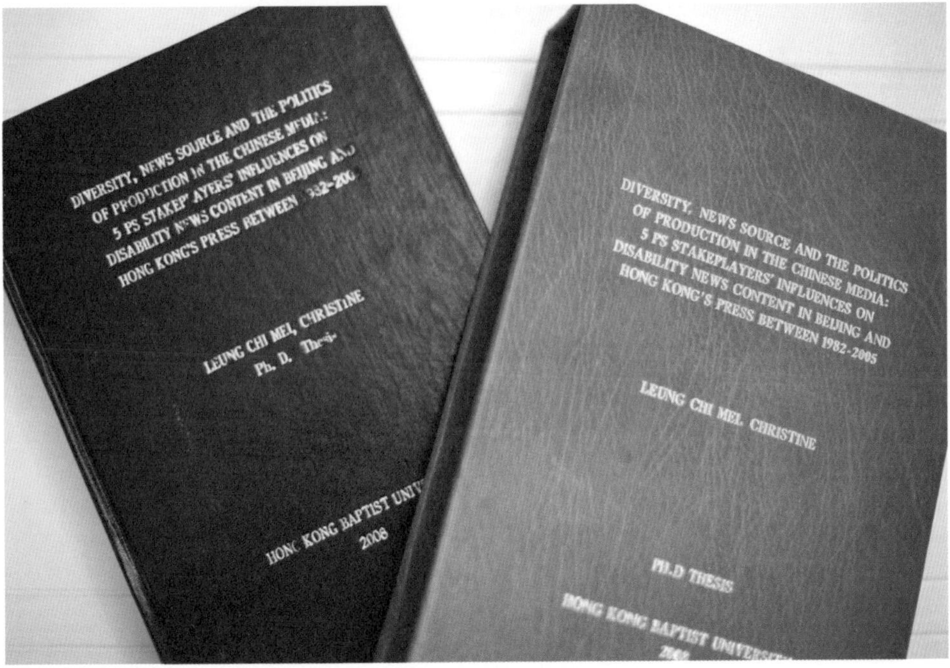
DIVERSITY, NEWS SOURCE AND THE POLITICS
OF PRODUCTION IN THE CHINESE MEDIA:
5 PS STAKEPLAYERS' INFLUENCES ON
DISABILITY NEWS CONTENT IN BEIJING AND
HONG KONG'S PRESS BETWEEN 1982-2005
LEUNG CHI MEI, CHRISTINE
PH.D THESIS
LEUNG CHI MEI, CHRISTINE
2008

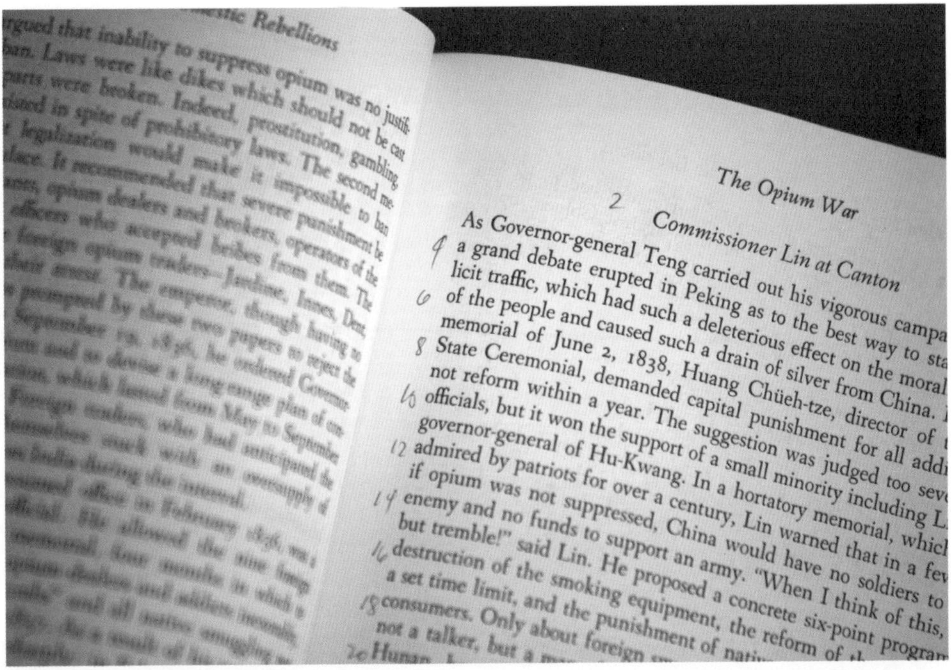
The Opium War
Commissioner Lin at Canton
As Governor-general Teng carried out his vigorous
a grand debate erupted in Peking as to the best way to
licit traffic, which had such a deleterious effect on the moral
of the people and caused such a drain of silver from China.
memorial of June 2, 1838, Huang Chüeh-tze, director of
State Ceremonial, demanded capital punishment for all
not reform within a year. The suggestion was judged too
officials, but it won the support of a small minority including
governor-general of Hu-Kwang. In a hortatory memorial, which
admired by patriots for over a century, Lin warned that in a
if opium was not suppressed, China would have no soldiers to
enemy and no funds to support an army. "When I think of this,
but tremble!" said Lin. He proposed a concrete six-point
destruction of the smoking equipment, the reform of
a set time limit, and the punishment of
consumers. Only about foreign
not a talker, but a

梁子微以堅毅面對障礙，選定「中國傳媒對傷殘人士的報道」作為研究項目，還跑到北京大學做學術研究。內地基本生活障礙比香港多，更因為疏忽北方乾燥天氣，皮膚受損，離開北京前數天，因傷口感染得了敗血病。細菌擴散至血液並且不斷繁殖，器官受損，身體發燒，最終要入住當地醫院，刮除感染傷口腐肉，服用抗生素。折騰數星期，待體溫回復正常，才能返港治理，待身體稍為復元，便開始撰寫論文。

子微規劃論文時間表，早上六時起牀，閱報寫筆記，忙到晚上，為了解不同社群角度，要外出訪問：「記得有次訪問李遠大，當時與他並不熟，但由於我太疲累，訪問途中突然嘔吐，吐得滿身都是黃色胃水，很辛苦也很尷尬。」

論文做了一年多，兒子從泰國傳來長途電話：媽，我兩個月前結婚喇！

兒子這句淡淡然的「婚後知會」，她當時反應是不停地哭，陷入精神崩潰：「我不是要他擺酒或做什麼，但最低限度容我選擇出席他的婚禮，讓我在場見證他的重要時刻。但當時接到這個電話，除了震驚還有心痛，為什麼我唯一的兒子，決定結婚也不告訴我？多年來，我自認為是兒子心裏最重要的人、最重要的女性，但當時想，我必須認清一件事，我已經不是他心裏最重要的女性，他有妻子——當然有另一個人愛他，讓我感到欣喜，

但始終感覺心酸。」

病苦折騰與兒子的「婚後知會」雙重打擊下，梁子微交上論文十萬字，一心等待頒發學位，豈料，黃煜教授閱讀後退回論文。梁子微對當時被訓斥的內容，記憶猶新：「一向感覺親切，對我和顏悅色的系主任，大發雷霆：『子微，你這份是什麼？我對你好失望，浸會大學新聞系要求很高，別以為你是傷殘人士，我們便會降低水準，讓你合格。我知你多年來讀書都是親力親為，努力得來的結果，但看你這份研究，是否趕畢業？完全不合格！』那年冬天，我特別難過。」

梁子微一向成績好，有自信，更何況，為這份論文，她已筋疲力竭。面對黃煜教授批評，霎時間完全不能理解。但博士研究不是授課，教授只會說「不能接受」卻不會指導如何修正，梁子微要自行思考、自行摸索：「我當時感覺江郎才盡，沒可能寫得更好，甚至想過放棄」。

冷靜過後，梁子微想，已經努力了這麼長時間，豈能輕言放棄，辜負老師期望？終於捱過那段日子，從新審視論文，明白研究理論未夠深入，於是大幅修改，從傳媒對傷殘人士的角色定型切入，對比中港傳媒現象，再套傳媒理論作為研究內容；又從公眾、政策制定者、媒體、殘障人士及壓力團體幾方面加以分析，終於把論文再度呈交，耳目一新。

黃煜教授閱後回應：「這才是我認識的梁子微！」其實教授絕對明白，多少四肢健全人士在博士研究過程中途放棄，讀不下去，梁子微四肢癱瘓而能夠完成博士論文是不可思議的。獲頒博士學位後，梁子微曾往美國發表論文，獲得好評。

身體猶如敵軍俘虜 ←

正如她經常說：「回頭看，人生並不如想像中般差，我明白前面還有一大段路要走下去，又或者我活得短命，我不知道，但無論如何不會容易。我每日仍然要依賴着機器呼吸，仍然辛苦面對生活，但有親情關懷，友情支持，以及社會許多人的鼓勵，讓我覺得，路雖然難行，但有這麼多人陪伴，我又怕什麼呢？」

鑲了鐵的蝴蝶雖然沉重，卻仍然不停地飛，為求學、為演講、為探親、為旅遊，周遊列國。梁子微說話情感豐富，無論她到幼稚園、大中小學、企業、醫院、社團分享個人經歷；對象不管是一個人抑或幾千人，每次也做足準備，把意外經歷、逆境奮鬥、求生意志，傾情分享。

從英國返港，她隨即加入路向四肢傷殘人士協會，多年來到學校、醫院及不同機構推廣生命教育。憑鼓勵別人來鼓勵自己，把日程排得滿滿，避免閒置下來，胡思亂想。別人幫一把，她會覺得人間有情，心存感恩，而

感恩之心，化作正能量，令她活得更有動力。

梁子微重視推動教育：「我覺得教育能增長智慧、常識、知識，令國家富強，也製造很多機會，所以一直支持推動教育，曾去內地貧困村落義務教學。」對她身體狀況來說，當然不易。「但我覺得自己是幸運兒，有機會將自己的見聞帶給小朋友，為他們打開眼界。」

行路上廣州，為苗圃行動籌款，她坐電動輪椅參加，卻不輕鬆：「我用下巴推動輪椅到廣州後，下巴紅彤彤，起水泡，返港第二天更證實患上『豬流感』，住進醫院接受『特敏福』療程，藥物反應很強，好辛苦，但為教育籌款，依然值得。」

出事多年，有什麼得着？生活是否比以前好？「我可以告訴你，我寧願這個意外永遠也沒有發生。但無奈既然發生，我亦不能走回頭。不過，我覺悟了，我學懂珍惜眼前人。父母從來沒有放棄我，而我當年卻辜負他們的愛，沒好好讀書。二十年後，我畢業，可惜父母已經不在，不能跟我一起慶祝，是個遺憾。」

人生無常，車子轉個彎，幾分鐘的事，整個人生都改變，她提醒朋友：「現在行得走得，可以愛，可以擁抱身邊人，要懂得珍惜。做人要相信自己的能力，不要因為面前很多困難或者不如意，便覺得永遠走不出這個黑洞——未必！謹記跟自己說：我就不信我不能！」

別人以為，癱瘓多年，應該適應吧？但子微覺得時間愈長愈艱難：「身體尤如做了敵軍俘虜，當初意志堅定，對抗到底，但日復日，年復年，敵軍會不斷消磨俘虜的意志。我曾經不斷問自己：如今每天連呼吸都如此辛苦，當日撞車，當場死去，會不會比較好？甚至有親人問我：如此辛苦，幹嗎還生存下去。出此言者只想了解我的想法，並無惡意。我說：每一秒鐘也很辛苦，很多事要靠人，自己要求又多又高，更加辛苦。但總體而言，不開心有七分，開心有九分，又覺得值得活下去。」

「我慶幸沒有死！人生並不容易，將來的路也不容易。我慶幸能看到兒子長大，成家立室。我慶幸讀了很多書，可以在社會上做很多事。我慶幸可以登上萬里長城、遊泰山。我慶幸我依然看到藍天白雲，閒來吃一碗地道雲吞麵。生活困難不會改變，幸好我仍能保持忙碌，盡量去做想做的事。」

梁子微説從來不怕失敗，跌在地上，再爬起來，又是一條好漢：「但出事後，我曾經跟自己說：死了！我現在沒手沒腳，怎麼爬起來？但根據經驗，只要爭氣，踏出第一步，便會發覺身邊有很多人、很多隻手都願意拉我一把。人生，總會面對困難，但人生，同樣也很精彩。像我這樣，一個手腳都不能動的人，如果我能夠做得到，你有手有腳，一定可以做得比我好！」

梁子微頸椎嚴重受創，不能自行呼吸，要維持生命，只能使用呼吸機。咽喉位置開個洞，輸入調節至人體體溫並摻合水份的空氣。但廿四小時連接大機器，她無法外出，幸好一九八九年六月遇上交通意外後，翌年二月便做了膈神經傳導手術，令她可以自由出外，甚至搭飛機到外地，大大提升生活質素。

醫生首先用電流刺激橫膈膜神經，證實仍然正常，然後動手術掀開左右兩邊胸骨，植入起搏器。傷口復元後，便可以在皮膚外透過電流，刺激橫膈膜，推動肺部呼吸。

當年手術費折合港幣六、七十萬元，再買一部膈神經傳導器，又是數萬港元，幸好儀器穩定，廿多年來只換過一部傳導器。子微愛美，手術完成後，看到胸膛留下疤痕，很快便用紋身遮蓋。

但長期使用膈神經傳導器會令橫膈膜疲勞，只能方便乘坐輪椅或外出時使用，不能完全取代呼吸機，在俗稱「甩喉」，即兩部儀器一拆一接，斷絕空氣的過程中，要眼明手快。

在助手協助下，只見子微留着一口氣，閉上眼睛，把頭向後仰，助手迅速「甩喉」，合力把她抱起，搬到

「每次由臥牀轉輪椅，或由輪椅轉臥牀，經歷仿似打仗，而且是很有默契的仗，不容有失。」

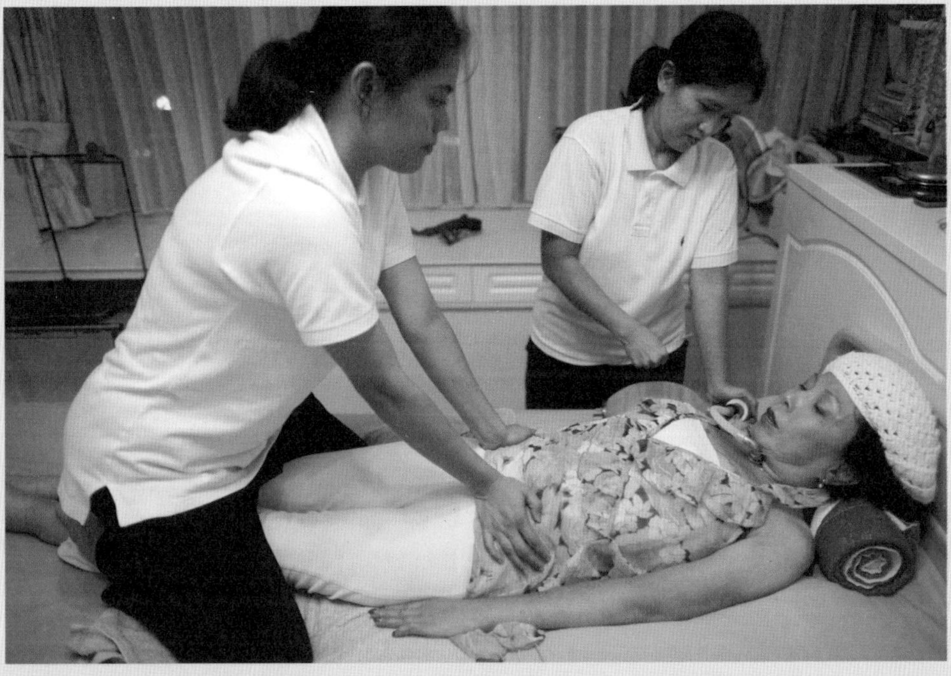

牀上，再第一時間以上手壓式復甦袋（Ambu Bag）接力，暫時用人手一下接一下泵入空氣。

由於子微無力把痰咳出，「甩喉」同時是抽痰時間。於是，身邊三位助手，一個泵空氣，一個壓痰，一個吸痰，名副其實「三頭六臂」，每次由臥牀轉輪椅，或由輪椅轉臥牀，經歷仿似打仗，而且是很有默契的仗，不容有失。

助手是透過家務助理公司請來的外傭，但做事遠超家務助理範圍，為此，她付出比一般家務助理要高的薪酬，當是回報，也是留人方法。倘病者財力所限，不能聘請多位助理，每個程序便只能拖慢拖長來做，難有正常社交，更枉論要像子微般外出求學、爭取權益、演講或應付不同會議。

SIDE ROAD B ／蝴蝶愛美，鑲了鐵的蝴蝶也一樣！←

「我乘車時會留意世界發生什麼事，看見美女，會留意原來現在流行什麼髮型、什麼服飾。」梁子微的時尚觸覺，特別敏感。

車禍後，子微出席公眾場合，衣履配搭，大方得體，還有一個指定動作叫Lady Look，雙腿交叉重疊，雙手疊在腿上，讓坐姿看來優雅自然，但由於脊骨失去支撐能力，助手要用安全帶把她繫在輪椅上才能坐得畢直。

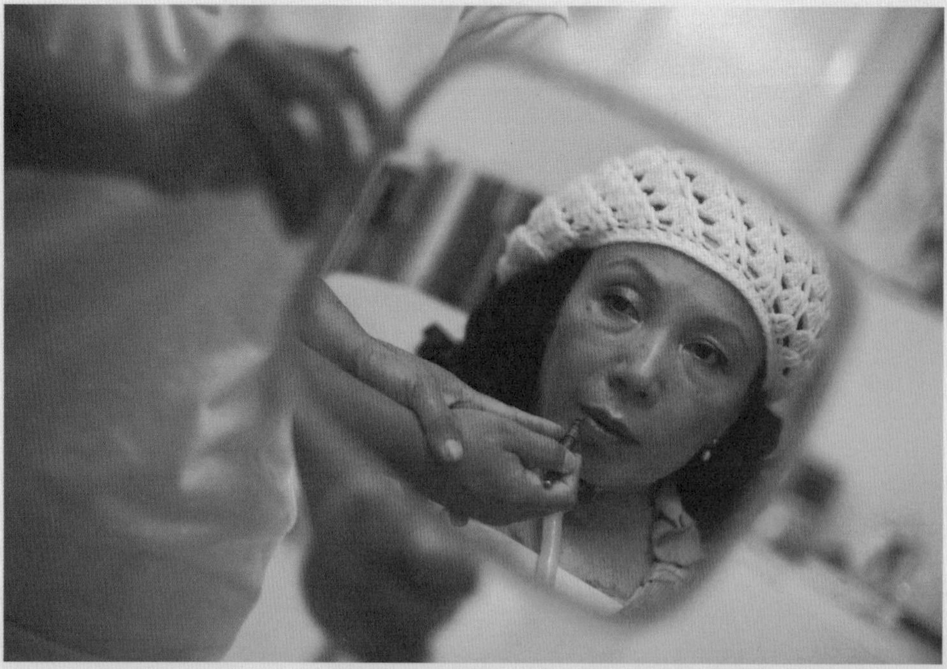

為了不破壞衣飾美感，她請助手在衣服開個小洞，把安全帶收藏起來。當子微第一次和我透露這個小秘密時，一臉俏皮鬼馬。還說，輪椅上不少電線喉管，都藏得不易察覺，只為予人簡潔整齊感覺。

車禍前，梁子微在國際化妝品牌公司工作，身居要職，熟悉化妝護膚學問，管理英國倫敦以北零售網絡，即使今天，出席任何場合也不會素顏示人。化妝，是她的禮貌，她的表達方式。

四肢癱瘓，化妝要助手代勞，但都由她悉心訓練，就如唇彩絕技，雖然「假手於人」，但操控權仍在子微「嘴上」，「唇膏很講究，線條稍有偏差，五官感覺便不平衡。」只見助手把唇筆打開，雙手穩定嘴前，子微頭部隨即左右上下輕輕擺動，只消十秒，抿抿嘴巴，色澤均勻，見過便知厲害。不夾眼睫毛嗎？「放棄喇！試過幾次給她們夾得淚水也流出來！」

蝴蝶依戀美貌，除了臉上還有身上。腿上的彩蝶玫瑰紋身，清晰可見，最初還以為是貼紙，子微笑說：「真是紋身呀！」我擺出一副皮肉之痛的表情，子微即時明白：「我不感覺痛。」是的，當四肢癱瘓，在身上畫龍雕鳳都不會痛，但會滲血。幸好紋身範圍很小，要小心護理，她還告訴我身上有其他紋身：「多用來掩藏傷口。」這鐵蝴蝶，愛美不移。

「唇膏很講究，線條稍有偏差，五官感覺便不平衡。」

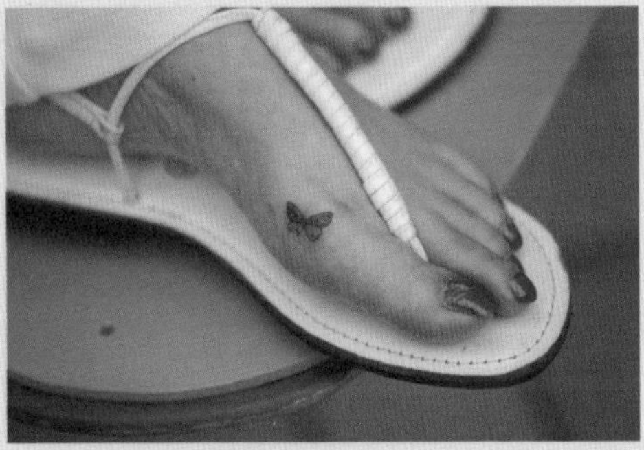

首次與梁子微外出，其實有點壓力，怕錯碰哪個掣、錯拉哪條管，她便會在我面前一命嗚呼。但很快發現，癱瘓者並不如想像中脆弱，她雖然不能動，但與身邊義工、助手，甚至復康巴士司機，早已建立默契。

梁子微懂得善用時間，下牀外出就會用盡整天。已經不止一次，出席完分享會後總會接續一兩個會議或朋友聚會。還記得那天「下半場」是去滙豐銀行慈善基金周年活動，當日傾盆大雨，她最關心是做人要守時。

因為不熟悉中區無障礙通道，我們還是走慢了。為追趕時間，子微放下輪椅尾板，讓我站在上面，我一手抓緊輪椅，一手拿着雨傘，子微一聲「ＯＫ？」我們竟在皇后大道中行人路上奔馳起來，還要「衝」過一條沒有紅綠燈的馬路。要衝，因為要用一點力度衝上路肩，但我卻失去平衡，「跳車」作結……那刻，我們在雨中笑作一團。後來，發現子微雙腳被雨傘跣下的雨水淋濕了，她沒有生氣，還說：「人濕不怕，輪椅濕了可麻煩。」電動輪椅等如傷殘人士的腿，滿佈電子儀器，萬一損壞，便會被困路上。

那晚，我做了一個夢。背景青葱一片，天色湛藍，萬里無雲，長髮及肩的子微，身穿湖水綠色碎花上衣，純白長褲，剪裁飄逸，她帶着微笑，迎風漫步於山坡……

僅數分鐘夢境，猶如一節完美片段。翌日清晨，依然清晰深刻，內心卻百感交集。不行，我怎會夢見一個癱瘓者自行走路呢？讓她知道的話，實在太殘忍了。

但後來，在互相了解後，我還是把夢境告訴子微。她聽罷輕輕合上眼睛又再望着我，聲線比平日更溫婉：「I wish I could……怎會殘忍呢？」在我內心，是多麼渴望她能夠重新站起來。

然而，換個角度看，梁子微雖然是被困在軀體內，但意識上，早已昂首闊步，自由闖蕩於天地間。就像鑲了鐵的蝴蝶，也許很重，但無障礙的心，已經無遠弗屆，天際翱翔，甚至以她的堅毅經歷，觸動別人心靈深處。

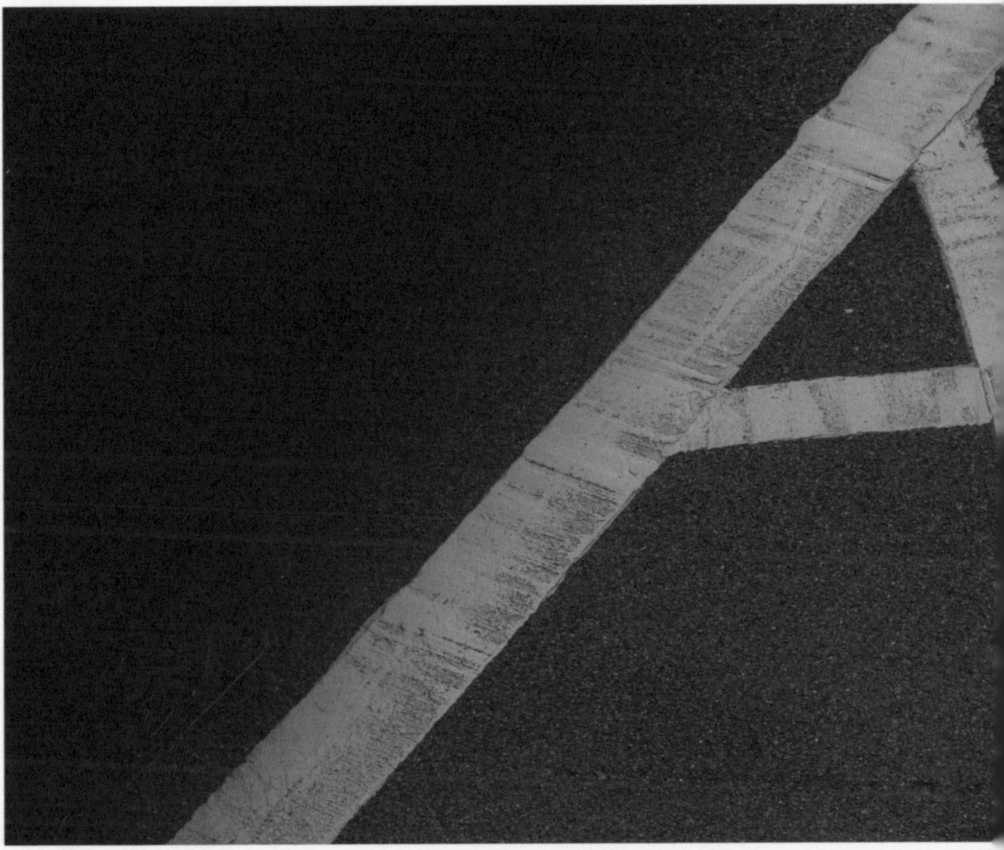

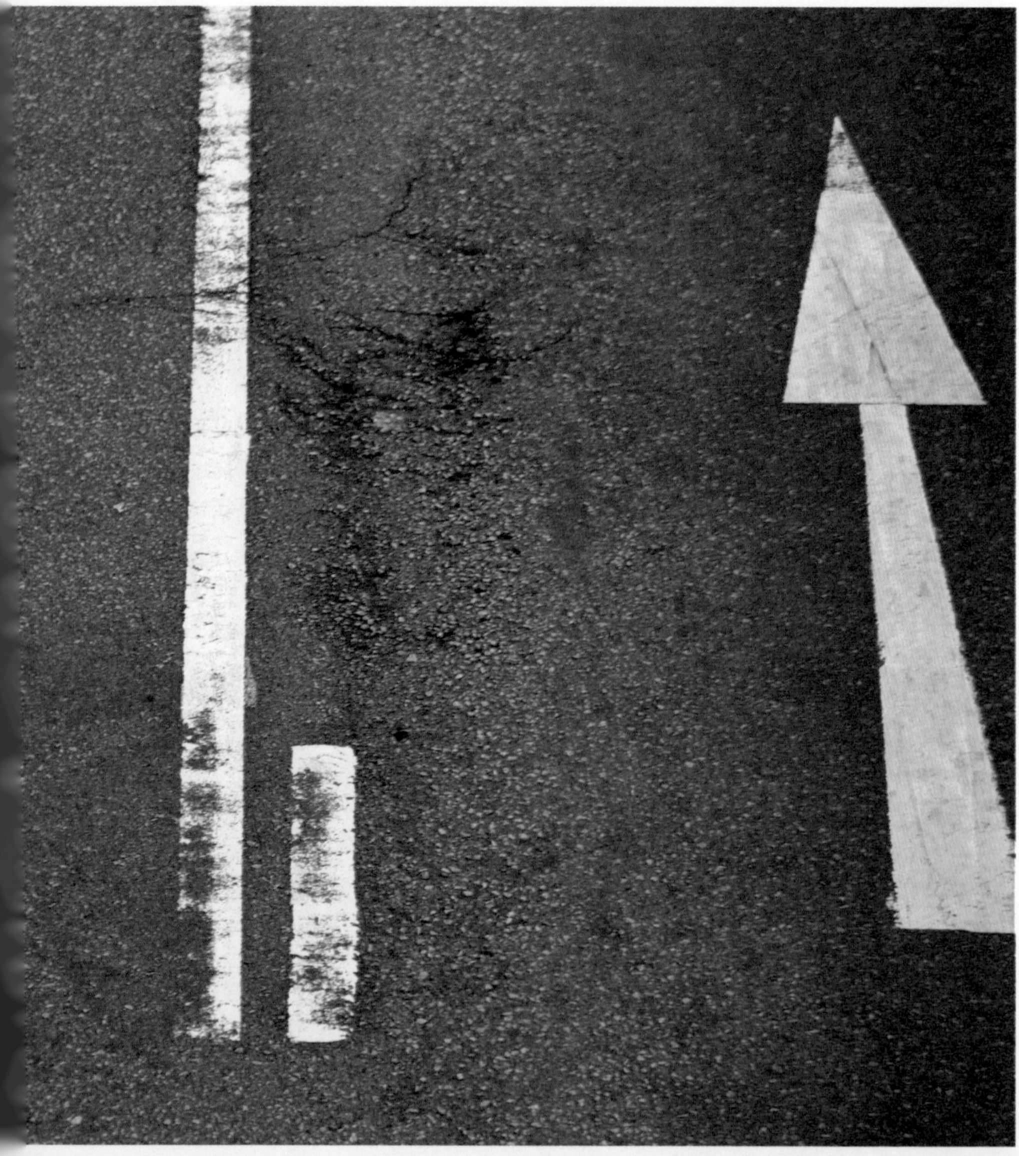

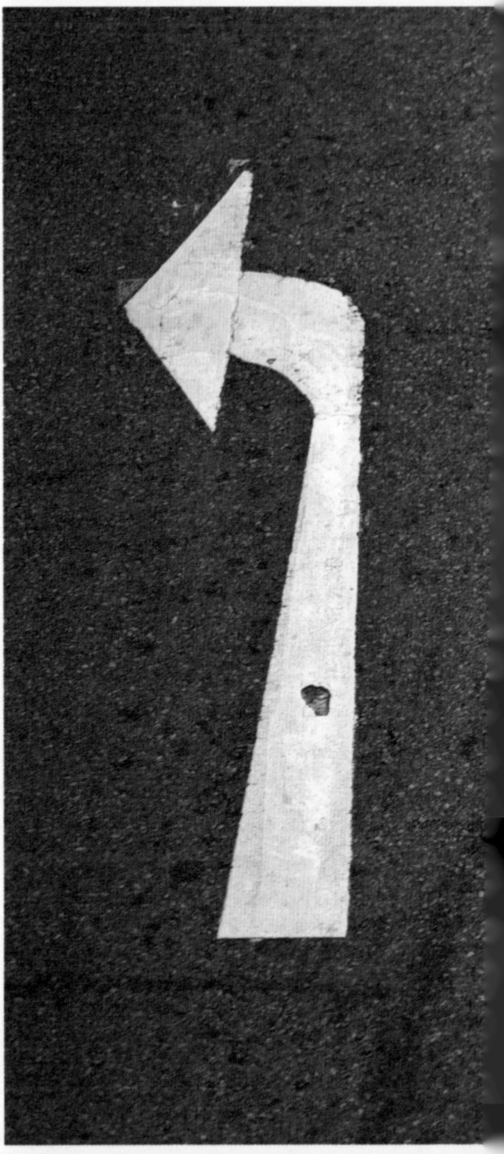

ROUTE 06 蘇永通

還有陽光

蘇永通

and there's still sunshine

文 → 陳曉蕾

還在唸書嗎？

這問題一問，蘇永通馬上有點尷尬：「還沒有唸完……讀多一個學期就拿到高級文憑吧！如果能夠合格……還要再唸學士課程……」還沒說什麼，他已經滿臉無奈：「人人都說：『你也沒有別的事情忙，也不會上街玩，都是在讀書吧。』但我也只是一個普通的學生，我也不知道為什麼會不合格啊。」

殘而不廢、自強不息等光環，並沒有落到他的學校成績表上。連父親也毫不客氣地嘮嘮叨叨：「你不讀書，還能做什麼？讀好書就是你唯一出路！」如同一般年青人的父親。

←

懷念機舖的煙味

通仔也像一般年青人，喜歡上網、砌模型、打遊戲機。以前住在上環，信德中心有一間遊戲機舖他常去，可是已經倒閉了。他去年搬到將軍澳，不禁大歎一聲：「整個將軍澳都沒有『機舖』！」

跟他一起去觀塘大型商場裏的遊戲機舖，他逛一圈看有什麼可以玩的，原來亦有一些。但凡是用按鈕的，他都可以玩，只要那張桌子不太高；拿手槍射擊的，也玩得很刺激，只要那把手槍不太重，都是相對簡單的遊戲

種類。玩了幾樣，若有所失：「『機舖』沒有煙味，可真不像『機舖』。」

商場嚴禁抽煙啊。

午飯吃日式烏冬，通仔拿着筷子說：「我是去年才開始練習用筷子。」

「去年只能夠用叉，吃麵很煩，於是我試試用筷子，一直試，一直試，手指居然可以做到夾的動作喎！」他笑得很開心，自此每去一間餐廳，都不會主動跟侍應說要什麼餐具，給什麼，就用什麼，盡量試到真的不行，才會討叉子和羹匙。

如果自備一副餐具，不就什麼都能吃嗎？

通仔搖搖頭：「我就是要像一般人一樣。」

他說出事後在醫院裏，最初是被人餵，後來他堅持要自己吃，先練習用羹匙喝湯，可以了，就練習用羹匙食飯，慢慢一樣樣學。職業治療師本來為他設計了一套餐具，用得很方便，但他還是練習使用普通的餐具。

離開醫院前一個月，他一個人去到醫院的餐廳，叫了一碟炸雞腿。靜靜地，看侍應給什麼餐具——想不到是一隻塑膠手套。

「那雞腿還是熱的，入口剛剛好，
正啊！那就是我想要的感覺！」

「上次我去一間女子中學，嘩，全校八百多個學生都是女孩子！
可是她們都猜我三十多歲，唉，那時我只得十八歲！」

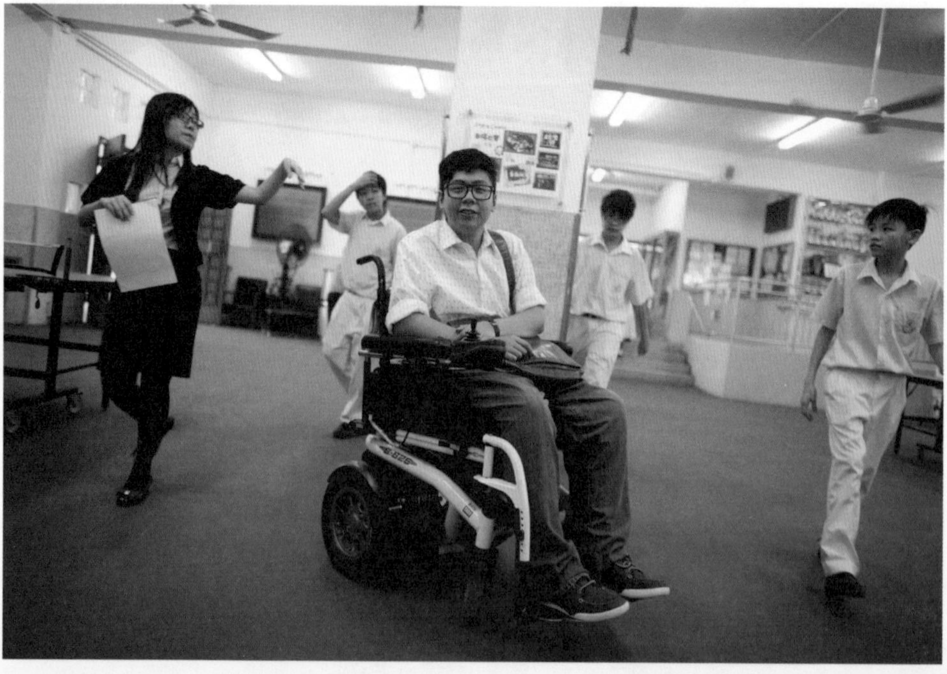

當時一雙手的活動能力都很有限，他嘗試用紙巾包着雞腿吃，太熱、太油，紙巾爛了，於是努力戴上手套。足足半個小時，才終於戴上。「那雞腿還是熱的，入口剛剛好，正啊！那就是我想要的感覺！」

通仔彷彿還在回味雞腿的滋味。

眼前的他，真的不是一般的年青人。

這樣就玩完？←

通仔這學期在香港專業教育學院只修讀兩科，有時間便去做義工，像今天便向保險從業員演講。

「大家猜，我今年多少歲？」他在台上毫不怯場，不時開玩笑：「上次我去一間女子中學，嘩，全校八百多個學生都是女孩子！可是她們都猜我三十多歲，唉，那時我只得十八歲！」哄堂大笑，他淡定地開始：「我今年二十三歲，還在唸書，未賺過錢，無資格教你們做人的道理，只是想說說我個人的經歷。」

如此四處演講，都因為十七歲的暑假。

二零零五年，通仔在中四升中五的夏天去了探望新加坡的姨姨。天氣好好，陽光燦爛藍天白雲，通仔決定去

屋苑的游泳池。當時只是在池邊熱身，不知怎地，腳一滑，就跌到游泳池裏。

「水裏非常寧靜，但我眼前突然間閃出很多畫面，家人、朋友、開心的、不開心的，都在那一秒間閃出來，好像錄影帶重播。」他說最後記得的，是不由自主地閃出一句：「不是這就玩完了吧！」

然後，是無盡的黑暗。

如同電腦熄機。

什麼都沒有。

朋友下來，看到通仔在水裏半浮半沉，以為他開玩笑，拍拍他，沒反應，就走開。接着過來的表弟卻大吃一驚，馬上喊救命。那屋苑泳池本來沒有救生員，剛好有一個教練在教小孩子游泳，那教練馬上把通仔救上來，急救一輪，通仔醒來，這時救護車到了，趕緊送到醫院。

在急症室內，全是專業的英文名詞，通仔完全不曉得發生什麼事，又不會說普通話，剛好聽到有護士說了兩句廣東話，馬上叫她，問：「為什麼我動不了？」「你全身都沒有傷痕，動不了，應該很大機會是傷了頸。」那護士說。

「頸受傷，關手腳什麼事？」通仔一頭霧水。還想追問，護士已走開。

兩個年青的華人醫生，在通仔頭部架上金屬架，鑽螺絲的聲音，恐怖如叉刮碟子，通仔當時還不忘開玩笑：「要做『鐵甲人』？」那一晚，全身都動不了，他一直醒着，也不懂得害怕，只想醫生快快做手術。

第二天從手術室醒來，看見自己的手插住超過十支針和管子，理應覺得痛，卻是一點感覺都沒有，突然一陣恐怖襲上心頭。「好驚，好驚，好像睡醒了，突然沒有了一隻手！腳也動不了，完全沒有感覺。」他很想開口問，但沒辦法，因為喉部插了呼吸機。

「賴嘢啦今舖！」他怕得想哭，自覺是做錯事的小孩。

← 連呼吸都難

原來通仔在泳池滑倒，弄碎了頸骨。

家人從香港趕來，母親不斷自責，原本通仔要去北京參加中樂表演，但家人想他去新加坡的親戚家，如果去了北京，能否避過這次意外？「如果去了北京，可能會發生更大的意外呢？」通仔反過來安慰家人。沒法說話，姨姨就帶了英文A-Z的海報，讓通仔眨眼溝通。

一個星期後拔掉呼吸機。護士一直說：「你呼吸啊。」他也以為自己在呼吸，可是血液含氧量馬上由九十多，跌到三十多。一陣暈眩，還聽到護士說：「你用力一點啊。用力一點啊。」可就是無法呼吸。

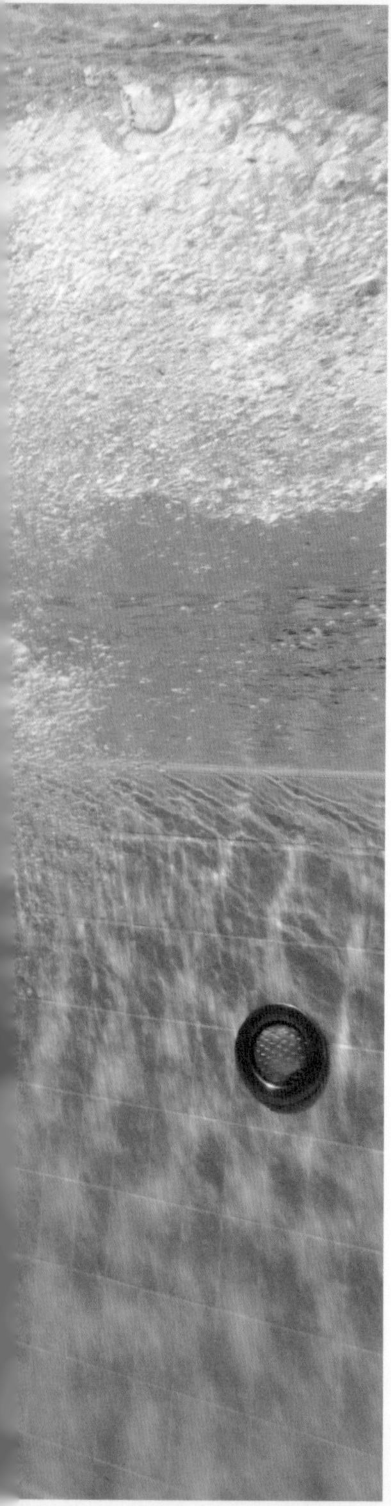

沒想到連呼吸都這樣難！

醫院馬上搬來一部面罩式的呼吸機，讓他戴着。努力了幾天，終於可以自行呼吸。醫生又說他肺裏有積痰，要抽出來，就把手指尾那麼粗的內窺管子，從鼻子插進去。如此辛苦的過程，通仔卻還有心情說笑：「我一直不明白，為什麼要有幾個醫護人士按着我的手腳，我都動不了！」

對於新加坡醫院，他記得的還有那部自動售賣薄餅機，味道還不錯呢，只要十多塊錢。通仔的樂天和幽默，在意外前已經如此。

家裏做小生意，通仔和大三歲的哥哥自小都是交給親戚照顧，生活起居相對獨立。他從小學就開始在小童群益會做義工，有時會帶小朋友去宿營，那段路要走四十五分鐘，小朋友才走了一會便說：「哥哥可否幫我拿背包？」「平時誰會幫你拿書包？」通仔反問。「當然是工人，哪用我拿?!」小朋友一點都沒有不好意思，「那我多給你兩支水吧！」通仔一說，小朋友馬上便自己揹背包。

通仔又在學校參加義工服務，探訪老人院，為獨居長者單位維修，塗油漆。讚他好人，他不好意思：「我沒事幹罷了。」讚他乖仔，他抗議：「我也有和同學出去玩通宵的！無端端半夜去海灘玩！」

改變一生的意外，他沒有怨天尤人——「因為是我自己決定去游水的。」

分手不是最痛

通仔曾經文縐縐寫了一篇文章，第一句是：「二零零五年七月廿八日，一線陽光吸引我落到泳池，那次是我最後依附着八十九公斤身體以雙腳用力地踏在地球上。」

近九十公斤！

「是大隻！」通仔連忙和「肥仔」兩字劃清界線，但又禁不住炫耀：「我胸肌有四十二吋。」出事那年，通仔開始談戀愛。初戀是音樂老師以前學校的學生，他說剛開始，所有朋友都起哄：「不是吧，你這個死胖子能夠拍拖！」

然而才兩星期，女孩突然告訴他：「我跟另一個女孩子拍過拖，昨天我們一起去聽演唱會，又做了拍拖會做的事。」「不要緊，你自己決定吧。」他很看得開。然後過了幾星期，忽然有「傳言」：一個低他一年級的女孩，喜歡他。

他看看相片，沒反應。

通仔曾經文縐縐寫了一篇文章，
第一句是：

「二零零五年七月廿八日，
一線陽光吸引我落到泳池，
那次是我最後依附着八十九公斤身體
以雙腳用力地踏在地球上。」

「傳言」又來：那個女孩如果不能跟他一起，就會和他的朋友一起。那就當然在一起了！通仔當機立斷，可是兩人才一起幾個月，他就在新加坡出事了。

能夠自己呼吸後，通仔被送回香港，並且轉到復康院治療，六個月以來，每天都要接受六小時物理治療。女朋友有來看他。之後通仔就收到同學電話，說看到他女友跟別的男孩在一起。通仔馬上打電話給女友：「你跟別人一起嗎？那就分手吧！」說完馬上熄電話，無論女友傳了多少短訊，他都不要看。

後來才知道那同學竟然撒謊。但通仔一點都沒有可惜：「我不想煩，只想顧好自己。」

真正的遺憾，是不能再拉小提琴。

升上中學，通仔很想學結他，母親卻叫他學小提琴，他無奈去上課，意外地也很喜歡，聽見什麼音樂，都可以用小提琴拉出來，好開心，又加入學校的中樂團。因為低音二胡比較罕有，老師改用低音大提琴，通仔很快學會了低音大提琴，不斷跟着中樂團表演。

琴行老師叫通仔考五級小提琴，之後就可以在琴行幫忙教小朋友，他心裏一算：教二十個學生，就月入過萬，而且不用交稅！生活多美滿——本來暑假過後要參加的小提琴考試，永遠都參加不了。

「遺憾遺憾。」通仔苦笑。

他試過吹口琴，但會頭暈，又嫌自己的聲音低沉，不想參加「路向」的無伴奏合唱團。有時候在商場聽到喜歡的音樂，心裏便像被一根線扯住扯住。

打造黃金右手

在復康院天天六小時密集式訓練，通仔乏力的雙手，開始有力氣推輪椅，他會為了看電視，推半小時輪椅去有電視的地方；為了要吃「有味精」的食物，千辛萬苦推輪椅坐電梯去餐廳。不斷推推推，手掌也流血了。

可是下半身，完全失去活動能力。

右手手指還微微能用力，通仔便拼命鍛鍊，打造「黃金右手」。治療師特別為他設計了一個筆架，用兩個鐵圈分別套着拇指和食指，利用僅餘的腕力帶動一支筆。最初沒力氣，先用毛筆練習，剛好同院有位中了風的伯伯，仍然懂得書法，通仔便跟伯伯學。

「為什麼『蘇』這麼多筆劃！」他不禁抱怨。

一度想放棄，以後就用電腦算了，現在才慶幸自己能夠簽名，可以使用信用卡。

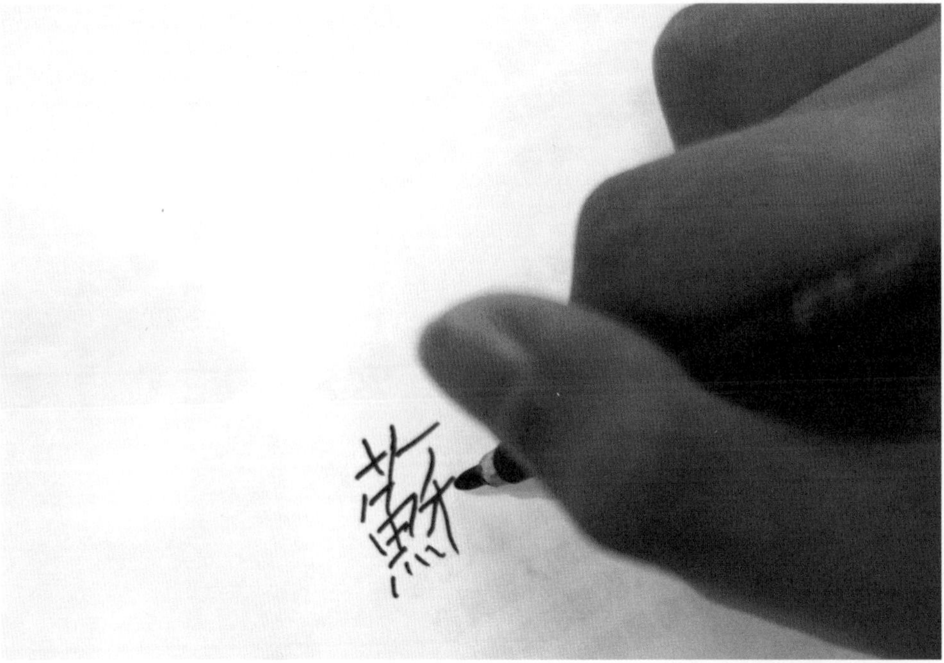

「不要整天想有什麼做不到，想想能做到的啊。」

治療師又為他設計了一個指甲剪。

家人每天都來探望，母親再一次把他當成嬰孩，帶他上廁所、洗澡，通仔說一點尷尬也沒有，只是母親每次剪指甲，都很容易剪傷流血。「我的神經反射比較慢，每次都是血流出來才感覺痛，可是又無力縮手。」他便對治療師說要自己剪指甲。治療師設計出來的指甲剪：把一隻手放在剪甲夾上，調整好位置，用另一隻手按下。雖然這樣剪指甲很慢，連磨指甲需要十多分鐘，但通仔已經很滿意。

「不要整天想有什麼做不到，想想能做到的啊。」他以一貫的樂天性格面對。心情當然也有低落的時候，有時候他在窗前，會突然想：醫院那條斜路，如果摔下去，會否死掉？可是死不了，連右手也動不了更糟糕！有時上到醫院天台，藍天白雲一架飛機偶然經過，心裏又想：這輩子還有很多地方沒去，還有很多事情未做，又覺得活着，還是好的。

有次朋友來訪，剛好下了班的醫護人員帶他去看電影，朋友在醫院等足六、七小時，他知道了心裏一直很感激。

一天，醫生說：「已經沒什麼可以幫你了，以後的訓練就靠自己吧。」

當時通仔還點點頭，一離開醫生房間才覺得晴天霹靂：他原以為「康復」了，才會出院。一直到出院那天，奇蹟都沒有發生，雙腿還是不能動，全身只有一隻「黃金右手」。

「既然死不了，那就活下去吧！」通仔提起勇氣，出院。

咬書喝墨的怪獸

原本的家由於入大堂前有數級樓梯，家人決定租住商用寫字樓。通仔每天在家的生活，就是「三電」：電話、電視、電腦。

夏天出事，冬天住院，三月春天來了，通仔覺得在家裏好悶，剛好學校校董來訪，他就要求復課，升上中五參加會考。學校答應了，為了準備九月的開課日，他更積極練習寫字。

終於開學。學校在柴灣，每天要坐復康巴士上學，清晨五點半便得起床，會考部份科目也轉了新課程，要重新學習。復康巴士晚上六時才能來接，他便留在學校補課。「我要像怪獸一樣，把老師所說、每一樣功課都吃下肚子裏。」他說。

學校同學也沒有什麼異樣目光，通仔留意到以前的

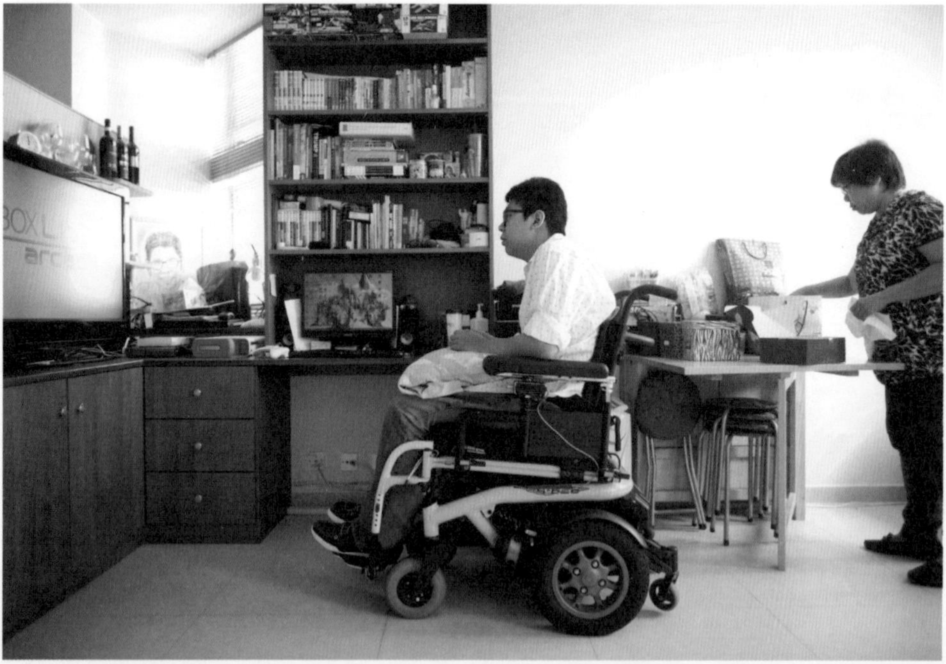

女友，現在變成同一級：「好奇怪，次次見到她，她都嚇一跳，掉頭就走。尷尬？有什麼好尷尬的！」

努力學習，努力準備會考，然而才三個月，就收到醫院通知：頸部要再做手術。天氣愈來愈冷，手術後通仔要戴頸箍，雙手無法抬起，被迫休息了三個月。春天再來，他能夠再上學時，已經是中五最後一個上課日。

校內模擬會考，全軍覆沒，沒有一科合格。

「怪獸又再張開血盆大口咬書喝墨。」通仔如此形容，努力補課、努力溫習，會考放榜，竟然有九分，不但所有報考的七科都合格，中文會話還居然取得最高的五星，成績比同班很多同學都要好，連老師也很意外。

他覺得坐輪椅，很難繼續唸理科，就選擇去香港專業教育學院，升讀工商管理系財務策劃及投資學高級文憑課程。所有同學都有二十四小時，但他的時間總是比別人流走得快些：坐地鐵，由月台到大堂，試過足足等了四十五分鐘，才等到電梯有空位容得下他和輪椅；去到學校，轉堂要從一層的課室轉去另一層，他只能坐電梯，可是同學都轉堂，沒人肯走樓梯把電梯的位置騰出來給他。去到課堂，上課時間已經過了半小時。

「最好的一次，是在中環遇到外國遊客，他們幫我把電梯裏所有人都趕出來，讓我可以坐電梯！」通仔說：「還有搬運的工人也好好，會借一塊板給我落石級。」

除了等候的時間比別人長，和同學合作做功課也不容易。每次分組，他通常都是被選剩的，老師惟有讓他決定加入哪一組。合作寫論文，他每次也爭取寫第一部份，有足夠時間可以慢慢用電腦打出來，否則要等同學寫完才輪到他，往往就沒有時間。

更令人難堪的，是無法控制的大小二便。

通仔平日都是用尿布：「我試過在一塊尿布芯上倒水，真的可以吸1500CC，好厲害！」他額外用多一塊尿片芯，丟掉片芯，再用尿布，最長可以撐二十四小時。然而大便比較難控制，有時拉肚子，突然就一身臭味。

「試過上學途中出『事』，爸媽都剛好去了內地，我惟有打電話請同樣坐輪椅的朋友來幫忙。」他雖然不尷尬，但也有點無奈。

困難可真不少，所以呢，本來三年可以唸完的高級文憑課程，他第五年了還在唸——就別再問了！

← 一定馬爾代夫

通仔比一般年青人多了一樣：房子。

他一年前分派到一間公屋，窗外是一望無際的西貢海景，豪宅都不一定有這樣的景觀！房子卻髹上粉紅色。「媽媽選的。」他有點無奈，這間屋，本來只有通仔和家務助理住，母親不放心，也搬過來。家人本來還要做吊櫃、入牆衣櫃，通仔堅決反對，家人才作罷。

通仔坦言，從小不是和父母一起住，關係比較疏離，出事後，關係是拉近了，可是磨擦也增加。「我其實最想自己一個人。」他說當家務助理還沒來香港，母親又剛好上街，那就最自由的了：「可以自己斟水，去廚房『叮』食物，好開心。」家務助理一上班，就不再讓通仔進廚房。

「如果我可以話事呢，沙發不會放在窗前，阻住海景；桌子要放在牆邊，可以喝咖啡，看海。」他比較滿意是現在睡床可以望海，可以在藍天白雲下睡覺——他常常晚上不睡覺，享受母親和家務助理都睡了，家裏只有他一個人醒着的寧靜時光，可以上網，玩電腦。

去年他考到車牌，僅僅一次筆試和路試便合格，今年舅舅換汽車，也把舊汽車送給他，然而幾個月了，仍然沒機會開車。「拿到車牌已經一年了，我怕忘記，想找一

「如果我可以話事呢，沙發不會放在窗前，阻住海景；
桌子要放在牆邊，可以喝咖啡，看海。」

個懂開車的坐我旁邊。」他說。

他爸爸近年當上計程車司機，可是沒空。「他開夜更的士，也很累。」通仔也很體諒，但還是忍不住說：「每次見面他都是罵我不讀書，沒什麼好談的。」

他心裏，亦會暗暗着急，怕畢業後找不到工作。

「一般年青人，怎樣也會找到工作，售貨員、侍應……可能不那樣理想，總是可以選擇，但我？是工作選擇我。」他希望可以從事股票投資、銀行等跟學位有關的工作，可是要交租、請家務助理，薪水每月至少要一萬多元。

嘗試打氣。

「我性格樂觀？唉，又不可以用來『搵食』。」通仔有點懊惱。他覺得沒有經濟能力，連拍拖都難：「一段美滿而穩定的拍拖生活，一定要有經濟來源，我可以吃十元一個飯盒，女孩子不行啊。」

他眼見「路向」很多男會員都有女朋友，並不覺得坐輪椅是問題：「我不會自卑，為什麼要自卑？女人比較介意自己傷殘，男人看開一點。下肢動不了，也可以透過人工受孕生孩子，性行為都是兩個人之間的事罷了。是有遺憾啦，但已經死不去，還想怎樣？」

「那次跌進泳池，突然『熄機』，全部畫面都沒有了，人其實好化學，突然什麼都會失去。」他煞有介事地說：「前事不提，但可以此為鑑。可以回想，但不要停留在昨天。」

明天，還有很多可能。

「我想去紐西蘭，玩瘋一些的東西！大連看照片也好

漂亮，都是日本、俄國的建築！捷克布拉格，我是在一本漫畫書看到的，好想去！荷蘭也想去，看是如何自由！能夠去北韓就好了，可以見識一下那個世界！南韓也好，能夠把 Impossible 變成 Possible，把高速公路變回一條河，好想看……」

「如果我的女朋友懂游泳，就一定要去馬爾代夫！馬爾代夫，一定要跟女朋友去！」他很肯定。

「把 Impossible 變成 Possible，把高速公路變回一條河，好想看……」

← SIDE ROAD　A／得得得　有工具

通仔小心翼翼地砌模型，治療師幫他設計了一些小工具：剪刀、鑷子，只要把工具的手柄加闊一點點，他的「黃金右手」便能控制。

剛離開復康院回到家裏，他百無聊賴在網上買了一堆模型，可是三年來只砌了一盒，現在才開始砌第二盒。「要讀書嘛。」他笑着找籍口。

放學回家時間不定，通仔又請治療師設計了一個鎖匙扣，只需要把鎖匙小裝置扣在袋上，就可以將鎖匙拉出來，鎖匙上有一個活動的小架子，除了可以穩定鎖匙，也可以當作是手柄發力。

家裏沒有人，也可以開門，出入就自由得多。

還有他珍貴的指甲剪。

以前學小提琴，習慣了把指甲剪得很短，母親總是不小心剪到流血。治療師設計的指甲剪，讓他可以把一隻手放在剪夾上，調整好位置，用另一隻手按下，這樣便可以慢慢地剪指甲。

可是腳趾甲，便要母親或者家務助理幫忙了。

通仔出事一年後，才認識路向四肢傷殘人士協會。「如果早一點入會，就不用自己盲摸摸地去找資料。」他不但加入委員會，也是財務小組的成員。雖然會員年紀通常都比他大一截，可是大家説起哪裏沒有「無障礙」的設施，都很同聲同氣。其中一些會員傷殘後，仍然可以找到工作，自己一個人生活，是很好的榜樣。通仔還曾經開電腦班教會員學電腦，可是協會的足球隊，他就不敢參加。

「全港只得兩隊四肢傷殘的輪椅足球隊：將軍澳曼聯VS寶林車路士！年年都是他們爭冠亞軍，嘩，好狠！輪椅都會撞爛！」

通仔在二零零八年獲選為「十大再生勇士」，二零一一年又出席了在台灣舉行的「第四屆無障礙旅遊國際研討會」。他覺得台北捷運比香港鐵路更方便輪椅使用者，一來車廂比港鐵大一半，二來乘客也不會濫用電梯等設施。

他認為香港對傷殘人士，還存有不公平，例如領取綜援，很難同時申請學生資助，尤其是成績未如理想，不能升讀大學。像他入讀了香港專業教育學院，為了申請學費減免，便放棄申請綜援，後來選修的課程少，合資格申請綜援，學費又得由家人支付。

「政府經常鼓勵傷殘人士唸書，可是學費和生活費總是要二選一。」他特地寫信給社會福利署，但沒有回音。

還有傷殘人士開的汽車，可以得到傷殘人士的半價泊車證，然而新得到的P牌，卻不能申請。通仔向六個政府部門寫了一共十二封中英文的投訴信，甚至投訴到報館，政府終於容許領取P牌的傷殘人士，可以申請臨時半價泊車證，並且正在修例給予正式的半價泊車證。

「其實我寫得信來，已經夠時間合資格拿半價泊車證。」通仔突然一本正經：「可是我要為大家爭取福利！」

後記／甲甴殺手 ←

原本有點擔心這本書的訪問：被訪者會否很灰？

訪問通仔，卻是笑聲連連！

大概接受了太多次訪問，他說每次都會嘗試給不同記者不同的答案——有點新鮮感嘛。聽了不禁瞪眼。於是和通仔一起吃飯，逛街，東拉西扯地聊天，希望更接近他的生活。

他的生活實際上存有不少困難，可是他都能以最樂觀的態度，哈哈哈，變成黑色的笑話。例如他口中的輪椅世界，很刺激：通仔試過輪椅在烈日當空下爆胎，發出一聲巨響，有些途人嚇得大叫。他一開始還覺得挺好笑的，只是呢，那時也剛好是午飯時間，在大馬路上一直等到「路向」的師傅來維修，已經笑不出了。

又有一次，舊同學生日，大班人去唱歌喝酒，凌晨兩點大家散去，通仔獨自一人過斑馬線，經過電車軌時輪椅突然死火。幸好有好心的計程車司機推他回行人道上。他再慢慢推回家。

可是他也不一直是受害人：「香港人走路很奇怪，會在路中心突然轉身，有次一個男人便被我撞得跪在地上。」

坐在輪椅上，矮人一截，最妙是遇到外國模特兒。「她們的腰，比我的頭還要高！一條條美腿在眼前。」他說完又連忙補充：「可是平日這個高度，不知聞了多少臭屁，都剛好放在我臉前！」

還有深夜路上，突然「噼嚦啪啦」，輪椅輪子都是爆腸的甲甴。

15

ROUTE 07 許毓青

下牀，上台

許毓青

breaking into future

文 → 伍成邦

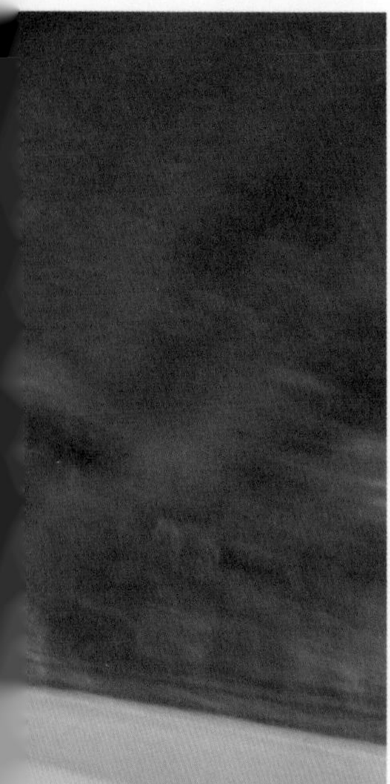

出入平安、身體健康、龍馬精神……二零零二年，壬午馬年，許毓青如常送出和接收大堆互相恭賀的說話，如常在內地度過農曆新年，但祝福能量，似乎沒趕上客貨車奔馳的速度：「大年初五從內地回來，車子就在深汕高速公路出事了！」

毓青坐在司機旁邊位置，聽到爆胎聲音，車子開始失控，左搖右擺。驚魂未定，第二下聲音響起：「我想，兩條車胎都爆了，車子撞向圍欄，然後我看着整架車子飛起，從飛起一刻，我已不知道發生什麼事。」恢復知覺時，天色已晚：「翻車時間該在下午四、五時左右吧，當我醒來，已經天黑。當時我被困車裏，聽說，後排乘客已經下車，我與司機仍被困在前排。」

「發生什麼事？只有頭部和頸部有感覺，全身不能移動，不覺痛，但血不停地流，我喊『救命』，喊朋友名字。我聽到有人在打電話找當地救護車，但沒有人能說出身處地點，沒有人知道。」深汕高速公路全長一百四十六公里，由汕尾陸豐至深圳龍崗，要說明在哪段路出事並不容易，大家只憑開車時間計算，該差不多進入深圳。

「你不會隨時想着自己下一秒撞車，盯緊路牌，記着位置吧？」眼前的毓青，理智憶述之餘，不忘體諒同車親友難處。被困車廂時，印象最深是司機，正與太太交託身後事！

「司機太太坐後排，沒有事，已經下車。雖然我當時感覺模糊，但仍有意識，我聽到類似託付妻子以後妳要這樣那樣……詳細內容已不知道。」原來車內小型滅火筒，整支插在司機脖子上，失血過多救不了。

生死一刻念親恩

該任由毓青被困車廂，抑或盡早救出來，對於正在乾等的親友是個兩難決定。終於，親友決定把毓青從車廂裏拉出來，卻不知要固定頸部才能移動傷者的基本知識。「救護車未到，親友不想等，硬把我拉出去。可能就是『夾硬拉』一刻，加深頸骨移位……這種事，誰也不想發生。」

毓青被放在草地上，仰望天空，不能動彈：「朋友不斷叫我別睡，很快有人來救。但我做不到任何回應，腦海

浮現家人，爸媽，不明白為什麼當刻會想着父母。」車禍前，許毓青精力充沛，活躍好動，尤愛唱K；工作需要加班，但每逢加班也幾乎不回家；唱K通宵達旦也不回家，卻從不致電跟父母報平安：「每次等到父母擔心，致電找我才說『今晚不回來！』」

在家同枱吃飯，吃完拍拍屁股便進房間打機看電視，莫說聊天，就算父母生病，一句問候說話也沒有：「所以我很奇怪，為什麼生死一刻，想起父母，那些片段像電影，不斷重複，都是我對待父母態度不好……我很驚，因為呼吸開始困難。」等待救護車的時候，才叫毓青後悔往事：「說真的，不怕老套，那一刻，我才體會到什麼叫『珍惜』。」

救護車終於來了，把毓青送到最近的醫院，卻被拒收：「說我太嚴重，醫院太簡陋，醫術也不太好，恐怕救不活。」關於內地醫院這段「老實」細節，是親友事後告訴毓青的。

終於找上汕頭大學醫學院第一附屬醫院，但接收後，醫生卻提醒同行親友：致電毓青家人，帶些衣服替他更換。原來當地醫生習慣如此提示親人，以表示傷者該救不活，言下之意請家人做定壽衣，辦定後事，讓臨終者穿得乾淨，去得體面。但毓青親友不明白，也不理解。理由是，單憑表面，毓青只是頭部流血，沒有其他嚴重表傷。

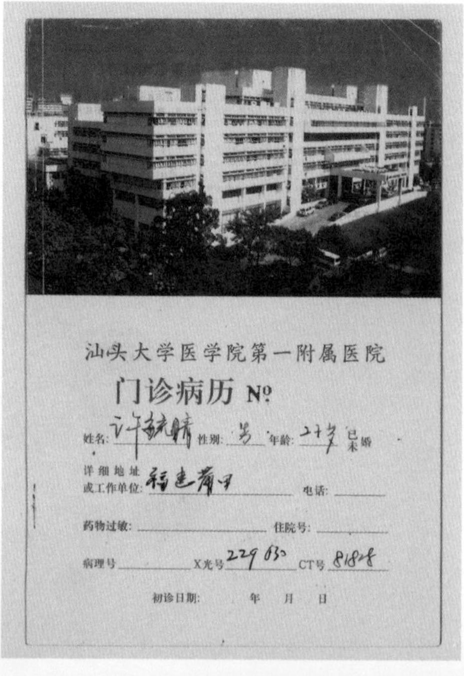

「我還記得問過醫生『我還有救嗎？』」那是我到醫院後的第一句話，之後，很久再沒有機會說話了……」

←

搶救過程無麻醉

「很恐怖——我記得很清楚。第一步就是剪喉嚨。當時我已經不能正常呼吸，遲幾秒可能沒命。醫生拿出剪刀，跟我說了一番話：『以下步驟不能打麻醉針，你意識處於昏迷狀態，再打麻醉針怕你不會醒過來』。」毓青除了點頭，別無選擇：「剪喉嚨其實不算很痛，但有十秒不能呼吸，因為要塞喉管才行。」這十秒恍若漫長幽谷。

恢復呼吸再處理頭破血流，但由車禍至送院經歷很長時間，傷口暴露太久，加劇皮開肉綻程度，護士把毓青長髮剃光，連皮連肉深深地縫，一針一針，卻不能打麻醉：「我聽說縫了四、五十針吧！我頭大，不知道是否有轉彎位。」

最驚嚇是當醫生檢查到毓青頸骨移位，為防止移動，便用醫學電鑽在頭骨鑽三個洞，形成品字，再用金屬鐵錘，固定頭部。「電鑽很吵，是恐懼大過痛楚，鑽完還要鑲螺絲……之後我整個人沒有意識，大概昏迷了。醒來時，已看到爸媽和很多親朋戚友在牀邊。」

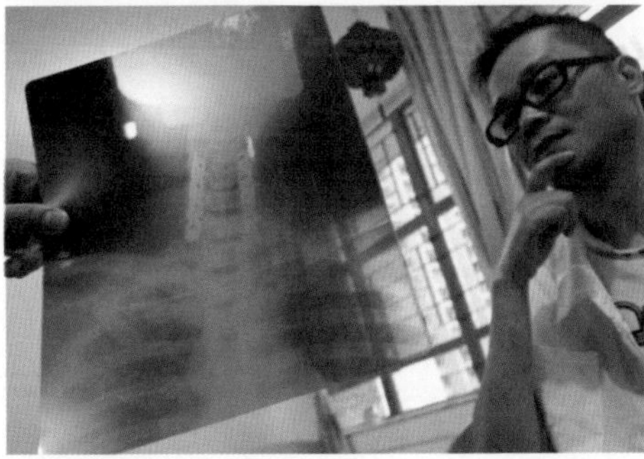

「見到爸媽一刻，真想抱着他們說『想念你』……那一刻，真想，但無奈已經做不到，完全不能動，不能說話，喉嚨開洞，說話會漏風。漏風會變無聲，完全不能發音，眼巴巴看着父母不斷在哭。」

又過一段時間，醫生跟毓青說：現在拉你進手術室，嘗試用儀器把頸骨復位：「我覺得很痛，該沒有打麻醉，但行動失敗，醫生沒法把我頸骨復位。」

院方提議請一名廣州軍區醫院專家來協助：「但那位醫生很忙，我躺在醫院等足一星期才到。」軍區醫院來的大國手，在毓青頸骨鑲上鈦合金片，手術完成，隨即離開，只留駐院醫生為毓青跟進。

「醒來第一個感覺是嘗試移動，卻完全用不到力，當時想，是否受傷太重，抑或剛動完手術，暫時不能動是正常？」但幾天過後，醫生用針刺在毓青身上測試反應，證實上胸以下感覺全失。醫生毫無保留地說：撞車時，頸骨移位，神經傷斷，四肢失去知覺，連活動能力也沒有，以後要坐輪椅，包括最基本「日常生活」均不能自理，要靠人。

醫生說「日常生活」，對毓青來說等如——全身沒有了：「我媽聽到，兩行眼淚流出來。連基本尊嚴也沒有，大小二便、穿衣服、整理儀容，是做人最基本條件。但現在全部做不到，跟廢人有何分別？當時真想死，但最可悲是，連死的權利也沒有，怎樣死？難道『攤屍』在醫院，給我一把剪刀，也拿不起來自插，很絕望。」

毓青開始自暴自棄，胸口有痰也不再示意叫人來抽，醫院只管每天為他戴上耳塞，重複播放他最喜歡的張學友CD《學友熱》，那是毓青在艱難日子裏的貼心慰藉。

醫生建議毓青別回港就醫，怕移動身體會出事：「在汕頭大學醫院住十幾天，花費二十萬……家人已經失去理智，醫生說要什麼都給，沒錢便去借。幸好我童年曾經寄居的香港親戚，在患難時給予經濟支持。」

插胃喉邊灌邊哭

病房裏，每天除看見一籮籮吊點滴遺下的空瓶子，毓青無法理解，住院費用花在哪裏。「天天吊整籮鹽水，手腫人也腫，還有，那些護士沒耐性，每餐把滾燙的稀粥從鼻管打進胃裏，燙得眼淚直流。」胃喉從鼻腔插進，餵食時，透過薄薄膠管打進胃裏。

「我鼻腔感覺灼燙，如果給家人做，會先待涼再打進胃裏。但醫護不讓我家人做。每次捧來，匆忙地打，每次被燙得掉眼淚，我猜，他們可能覺得我太感動，所以哭，幸好只被餵食幾天。」毓青在醫院住了二十天，終於脫離呼吸膠管，咽喉縫合，為着不讓家人繼續花錢，強烈要求離院養病。

毓青父親在一九九七年把香港住宅賣掉後，已在內地定居，香港變相「無家可歸」，胞姊雖移居香港，但已經外嫁，與夫家親眷同住：「沒理由抬我這個廢人到我姐家裏……」毓青當時心裏如此想。於是決定回到福建家鄉，進醫院休養，由於情況穩定，毋須太多醫護器材支持，兼且福建的醫院收費相宜，住兩星期才萬多元，已包括私人護理通宵值班。

當然，醫護水平與收費掛鈎。毓青大小二便控制不了，不定時自行排出，牀上只鋪一塊即棄墊巾，要靠嗅覺，糞便來了就要換。尿道插着喉，但時有滲漏：「現在回想起來，香港跟內地醫護插尿喉水準不同，在香港用很多潤滑劑，但內地醫護很恐怖，一插就插進去，每次插完，尿喉遺有很多血塊淤塞，一塞便頭痛，痛到爆裂似的，家人看着我的頭皮不停顫動。」醫生缺乏經驗，不明因由，安排毓青見神經科醫生，打麻醉藥，但統統無效。直至一次請護理放尿，一放全部是血，但在收放之間，頭痛消失，毓青終於明白是尿喉閉塞，尿液倒灌，強烈頭痛是身體反應。

毓青在香港無家可歸，但內地親情卻血濃於水。二零零二年出事後兩年，一直沒有回香港，離開內地醫院後，便在福建莆田家鄉度日，由親友貼身照顧，護理水準也許不夠專業，卻充滿守望相助，患難見真情的溫馨。

在家鄉，毓青感受到親情澎湃力量，即使關係較疏如表哥表嫂也來幫忙。離開醫院前，醫生囑咐的護理方法，他們不但做足，而且有多無少。譬如關節長期屈曲，必需經常拉鬆，防止筋部萎縮退化；久臥不動，皮膚會潰爛長褥瘡，每隔數小時便要轉身及拍背。親戚每天做四次，每次一兩小時。早上起牀做一次，午飯後做一次，午睡後做一次，晚上睡前又做一次。恍似輪班工作，甚至比上班還辛苦。「如今連護士也稱讚我背部皮膚好，我說全靠親戚，否則支持不到今天。」

主要「勞動力」是毓青的三嬸，轉牀、抹身、大小二便，原本由醫護人員來做，是職業上的份內事；但角色一換，交給三嬸照顧，毓青全相裸露，那種尷尬，可以想像。

「很不習慣，全是親人、家人。其實在醫院時，每有護士幫我抹身，也要全身赤裸，整個大房內，親朋戚友也看到。」醫院連布簾也沒有，一聲「幫你抹身！」全部人盯着看：「下體也照樣抹，不會遮掩。給護士抹倒沒所謂，是職責；給親戚抹，講不出是什麼感覺，完全無法形容。但總不能說：不要你幫我抹。別人幫我抹身，幫我清潔，我不能這樣說。但心裏難受、矛盾。赤裸裸的，誰都可以看我全相。」

叫毓青感動至深，是三嬸兒子毓白，即毓青堂弟。當年還就讀小學五年班：「到我家，他總是主動幫我撿糞便，更不時叮囑三嬸，要好好照顧我……」堂弟長大後來港公幹，不但探望堂兄請吃飯，還說：我長大喇，現在懂得賺錢，將來經濟許可，可以照顧你。毓青憶述時，聲線哽咽：「其實出事前，大家沒太親密接觸，車禍後，感情卻變成家人一樣。」

父酗酒　兒悔疚

車禍發生時，毓青胞姊也在車廂內，沒有重傷，卻在臉上留下疤痕，破相了。胞姊沒有絲毫抱怨，二零零四年，毓青決定回港，胞姊更努力聯絡社工，安排毓青留港定居。

「姊夫對我很好，剛回港，在他們家暫住，胞姊與老爺奶奶姑仔一起住，我很難受，若果我風光，去她家沒所謂。中國人傳統，受難時就不要『黐』到別人身上。若果別人將來有事，是否因為我的緣故呢？我弄成這樣，好像抬屍搬抬進別人家裏，這樣不好。上上落落，要幾個人抬，不知別人怎想，是別無他法才暫住胞姊家。」

胞姊後來找上社工，開始拿到每月二千餘元傷殘津貼，讓毓青租下西貢村屋，住了一年，申請公屋：「社工曾經建議我住進安老院，說裏面像五星級酒店，什麼也有。幸好胞姊堅持申請公屋，否則，我現在就在安老院與阿伯下棋。」

住在西貢，毓青仍然自我封閉，無法面對現實，自暴自棄，喪失鬥志：「回家後，穿衣大小二便，要人照顧很難過，父母不斷鼓勵的說話更是難受，老叫我別放棄，現今科技發達，一定可以再行走……每次聽到，情緒不能控制，幾乎想用粗口回應。我明白他們的出發點，但根本是無謂說話，若果醫學真如此發達，癱瘓病人就能走路啦，廢話連篇！」

毓青父親只有一個兒子，覺得傳宗接代機會也沒有了，思想落差大。看到兒子無法振作，沒有訓斥兒子卻用酗酒來麻醉自己，逃避現實，每朝四、五時起牀，把酒當水喝。只一兩年，身體便出問題，酒精中毒，下肢神經麻痺，現在走路要用枴杖，每隔十分鐘得停下來休息，才六十歲，外表看來像七、八十歲，老得很快。

其實毓青每次向父母發過脾氣也會後悔，冷靜下來即明白，「今天狀況不是父母造成，他們說鼓勵的話只想我別太難過。」毓青看到父親身體情況，開始悔疚，意識到繼續放棄自己，受傷的除了自己，還有身邊最關心他的人：「我竟然沒有意識到，父親因我而酗酒，母親因我而勞損。幸好媽媽總是最堅強，即使為照顧我，導致手部筋肌勞損，也不會自暴自棄或講晦氣說話，在我面前，她總會說些讓人鼓舞的話。我開始醒悟，如果我振作，父母就不會這樣。」

尋路向重燃希望

毓青在二零零二年發生車禍，全身癱瘓；但首次擁有私人輪椅，竟是三年後的事：「幾年間的生活，只得一張牀，沒有下過牀。抹身在牀上，所有事也在牀上，我沒有輪椅。」

即使離開鄉下，乘飛機返港，也是用機場輪椅，被推進機艙，推往抵港大堂，然後，在香港國際機場，以頸痛為理由，召救護車，被抬進瑪嘉烈醫院，一躺下來便是半個月。但這一躺，毓青從此躺進香港醫療及社福網絡，然後被轉往將軍澳醫院，出院時由救護車送到胞姊家，他被抬上樓；搬往西貢村屋，也是被搬進屋裏，出事三年，沒有一張私家輪椅。

「我明白不應自暴自棄，卻不知道前路可以怎樣。連一個輪椅朋友也不認識，沒有傷殘人士資訊。」

「幾年間的生活，只得一張牀，沒有下過牀。抹身在牀上，所有事也在牀上，我沒有輪椅。」

毓青住在西貢時很迷惘：「我明白不應自暴自棄，卻不知道前路可以怎樣。連一個輪椅朋友也不認識，沒有傷殘人士資訊。」有朋友想探望，毓青總在電話裏推掉，或叫家人代為婉拒。在屋裏與睡牀和電視機為伍，睡醒吃飯看電視，周而復始。三嬸特別放下鄉下家人，從內地來港一年，與青母協力照顧他的起居，但毓青仍然覺得日子像坐監，沒有出路。

直至某日在家看賽馬節目，一行像流星般的字幕：路向四肢傷殘人士協會……劃過電視熒幕下方。毓青眼睛被「四肢傷殘」吸引着，心想，我不就是四肢傷殘嗎？然後，撥打一零八三問出電話號碼來。

「接電話的說，過幾天有人上門探望，我想，官腔回應，大概至少等一、兩個月，甚至把我忘記也不出奇，於是沒有放在心上。」怎知事隔兩天，對方來電：「許先生，明天有朋友來探你。當時沒說什麼朋友，奇怪，我在香港沒什麼輪椅朋友。」

那天，毓青從窗戶外望，看見一輛復康巴士駛達家門，他首次見到電動輪椅：「香港有單人私家車嗎？我當時不知訪客全是傷殘，更未見過電動輪椅。那是我回港後第一次見人，第一次接觸傷殘人士，跟我同類型，原來也可以上街！」

從此知道，四肢傷殘可以做很多事。毓青終於明白，回港是值得的。在內地，就連上街也欠缺無障礙設施，政府沒有投放多少資源：「我真後悔為什麼不早點回港？早兩年回來，可做多點事。如果早點放開自己，接觸『路向』，便可早點知道復康資訊，申請援助，母親不用照顧我而致嚴重勞損，三嬸不用放下內地家庭來港照顧我一年。」毓青體會到，不肯放開自己，積極求助，全家人只會仍舊圍着他團團轉，走不出心力交瘁的循環。

毓青能夠活下來，是親眷用愛心與勞力換來；但能夠重新投入社會，是因為有「路向」協助。「繼續活着，可以留在家中，跟家人重拾關係；但『路向』讓我知道社會有資源，如公屋、輪椅、醫療臥牀、吊機、護理用品、家務助理……很多東西可以申請，減輕家人負擔。」解決生活基本需要後，毓青做了一件自己認為很突破的事——上酒樓飲茶。

「那時候不敢出街，是『路向』家訪義工『迫』我出去。」義工為毓青借來輪椅：「我全程低頭，不敢直視其他人，直至抵達酒樓，看到其他輪椅朋友，內心才安定下來，起碼有人陪。」毓青怕歧視，怕那種眼光。後來多外出，多被人看，懂得調節心態：「其實不坐輪椅，一般人上街也會互望。在看的人，可能存有某種想法，例如在觀察是否需要幫忙，不一定負面。」

毓青開始與「路向」探訪組探訪病人：「以前覺得四肢傷殘已經夠慘，但看到有些人連坐也不能坐，每天臥牀，睜開眼睛就是看着天花板，日出等日落；有些更不能說話，溝通要學曉摩斯密碼，用嘴唇發出嘟——嘟——嘟、嘟長短組合聲音來表達意思。相比之下，我已經幸運，我算什麼？」

每當聽到有人常說自己很慘，毓青便帶他去探訪更慘的人：「不要說自己慘，你們行得走得，很多東西可以做，為什麼覺得自己很慘？小小事情就鬧自殺，浪費生命，那我們怎辦？一世不能走路，難道應該被車撞死嗎？我們還有希望，還可以做想做的事，我們可以，為什麼你們不能？」

每次到學校、到醫院，毓青總以個人故事來鼓勵別人：「聽眾受感動，甚至聽得哭了，我覺得很有意義，只是講一些個人經歷，不是什麼大道理，若果受眾感到值得借鏡，那就很有意思。」

如今許毓青，剪了一個前衛髮型，側面剪短，頭頂束辮，遮蔽頭頂縫針疤痕；一身棉麻質料寬衣褲，既可遮掩身形，也流露一派藝術氣質。與當年自暴自棄，整天只管吃飯和睡覺，體重一百八十多磅的日子，不可同日而語。

「我全程低頭，不敢直視其他人，
直至抵達酒樓，看到其他輪椅朋友，
內心才安定下來，起碼有人陪。」

「其實不坐輪椅，一般人上街也會互望。在看的人，可能存有某種想法，
例如在觀察是否需要幫忙，不一定負面。」

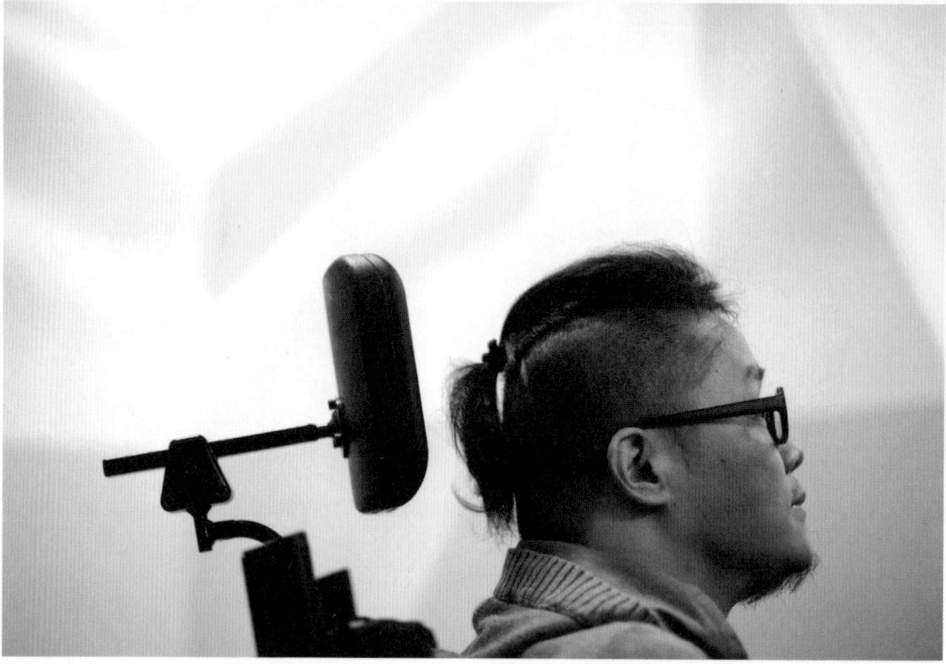

四肢傷殘舞台劇

加入「路向」，毓青生活與從前很不一樣：「從前一直想做回老本行，但終於明白條件所限，不能強求，而且看到可做的事還有很多，譬如一直希望踏上舞台，唱歌演出，沒想到如今身體狀況如此，反而實現了夢想。」他構思了香港首個四肢傷殘舞台劇《愛．生命．敢夢敢想》。

「那年，汶川地震生還者來香港，透過『路向』互相交流。災民組織舞蹈團，其中一位，地震前是舞蹈老師，地震後，她被截去下肢。」舞蹈老師沒有腿，令毓青感到震撼，激發他與好友阿源構思首個四肢傷殘舞台劇，建議被基督教靈實協會接納，向Love Ideas HK集思公益計劃申請了三十萬港幣作為籌備及表演費用。

十幾名演員，當中八名傷殘人士。故事講述男主角籌備婚禮過程中，一場交通意外導致傷殘，男方決定退婚，趕走未婚妻，獨自過着黑暗頹廢日子。胞姊為鼓勵主角重新振作，每到不同城市公幹，也撿一塊石子帶回香港送給傷殘弟弟，叫他日後把石子送回原地，但胞姊突然死於空難，弟弟日子難過，幸得彩虹人協助，重燃生命希望……

「構思舞台劇，只想告訴別人，有理想，可以去做，雖然坐輪椅，但還是有心、有思想。」

看毓青綵排，感覺認真，還請來專業導師教唱歌。演員傷殘程度不同，但熱心程度一致，為抓準音節，老師要求重複練習，眾人毫無怨言。但對於癱瘓者如毓青來說，難度很高，平常人唱歌可以感覺橫膈膜活動，但毓青由上胸以下感覺盡失，感覺不到呼吸與橫膈膜的關係，而聲線運用，卻與兩大機能緊密相連。

「其實歌唱老師沒有了解過我們的身體狀況，當我正常人般訓練……我感覺現在和從前差很遠，現在有很多歌已經唱不到。構思舞台劇，只想告訴別人，有理想，可以去做，雖然坐輪椅，但還是有心、有思想，坐輪椅不可以成為自暴自棄的藉口。我們走到台上，觀眾不會要求太專業。」毓青很明白，要求專業，實在不行，這不過是一場鼓勵自己，鼓勵別人的舞台劇。能夠踏上舞台，毓青說，是車禍至今讓他感到最充實，最開心的時刻。

毓青對家鄉歸屬感強，抗拒居港，若非舊情人來一場浪漫驚嚇，絕對可能在福建莆田終老。

毓青在內地出生，一九八五年來港讀過幾年書，父親嫌他讀書不成又頑皮，把他帶回內地，初戀女友，就在當時認識。

在小學裏，毓青交上鄰班同學，僅五年級便想緣訂終身：「當年暑假，爸說帶我去香港，開學再回來。怎知，去了香港便不准走。那死了！我離開時完全沒跟她交代，從此失去聯絡，銷聲匿跡。事隔幾年，暑假回鄉，透過朋友才把她找出來，一直保持聯絡。」

「車禍後，她來探我，已婚生子，兒子長大了。起初沒有特別感覺，豈料有天手機傳來匿名短訊：『如果你想找人傾訴，可以發短訊給我。』上午只有她和另一位朋友來過，下午便有匿名短訊。於是叫堂弟按號碼回撥，叫她名字，看對方如何反應。怎知，堂弟一叫她便回應，我立即叫掛線，當作不知道。」人家只說，想傾訴便發個短訊，是否過敏？「不，後來發展到她要跟我一起，想離婚，她丈夫要生要死，說要跳樓。」

在短訊事件後，其實兩人不斷保持電話往來，經常晚上談通宵電話。但初戀女友如今已為人妻、人母，為人師表，毓青把心一橫，決定離開莆田返回香港。

感情是真的，時空是錯的。童年時，毓青把她追到手後，卻被父親抓回香港；如今成年，兩情相悅，是毓青理智地叫自己放手。她說：為什麼總是這樣，感覺剛回來，你又要走？

「她跟丈夫說要離婚，事先沒有跟我商量，只暗示地問：會否介意再發生一段感情？我答，不是介意與否，是做不到。我坐着，完全不能給她幸福，什麼也不能給她，爭什麼？你覺得我自卑也好，什麼也好，我是沒心思去想。」毓青覺得自己不能給伴侶幸福，不能許下任何承諾。他承認對她有感覺，但不敢奢望，只好壓抑感情。當知道她丈夫「喊生喊死」，更怕留在莆田會弄出人命。當然，親戚家人全不知情，毓青託辭銀根緊絀，要回港申領綜援，匆匆離開家鄉。

由家門前往機場，車程兩小時，毓青與她談足全程，互相依戀，但毓青明白，留在莆田，倘對方發生家庭慘劇，美麗將變醜陋，留下只有難受，分手變成唯一出路：「如今回看當年決定沒錯，她與丈夫關係良好，我們也保持朋友關係，互相問候。」

我好奇地問，如果再遇女人喜歡你呢？「情況許可，她是單身，又不介意如此照顧我，而我對她有好感，我覺得沒有問題，但我相信沒有……」

許毓青四肢癱瘓，雖然肩骹手肘能作有限活動，但手指完全無力，長期處於自然鬆弛的屈曲狀態，無法伸直，不能發力。即使能夠把手指放在鍵盤上，也按不下去——不過，毓青卻能透過電腦繪圖打字，並參加綾緻康健服裝中心時裝設計比賽，以電腦繪圖程式CAD/CAM設計一套送給義工穿着的服飾，獲得優異獎。

打字時，他會手掌朝天，以無名指的關節位代替指尖，像敲門一樣，逐字「敲出來」；控制滑鼠，平常人單手操作，他要雙手夾着來用，但即使如此，仍能完成時裝設計，仍能透過電腦溝通。

香港理工大學紡織及製衣學系於二零零六年成立「綾緻康健服裝中心」，結合專業與服務社群理念，為長者及殘疾人士設計服裝。

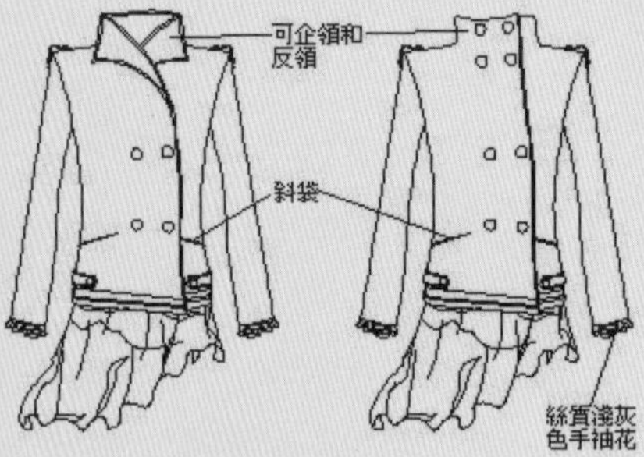

四肢健全者，若長期使用電腦，該對肌腱勞損不會陌生，我們十指齊動，操控鍵盤與滑鼠，仍難逃過肩、頸、背、手肘、手指操作過勞。看過毓青「敲」鍵盤，我也嘗試手掌朝天，敲打鍵盤，體會感受，但隨即發現，要吊起手臂來遷就，連帶肩頸背部肌肉，全部繃緊，長期操作，比平常人更不健康。

於是靈機一觸，把一枝鉛筆，連同筆頂橡皮擦折下三吋，折位打磨平滑，然後用膠紙輕纏在毓青的食指上，就像把食指延長一樣。由於食指關節位呈自然屈曲，可以借力，毓青便夠力用食指打字，更重要是可以放鬆雙肩。大家對「小發明」很興奮，當晚更與社聯屬下，滙豐社會企業商務中心高級經理凌浩雲商討，他在內地有生產廠房，聽罷二話不說便做來樣辦試驗，用軟墊物料，把食指套着，同時又能固定筆桿，送給毓青測試。

之後，又了解毓青和不少癱瘓者，每天刷牙也要人代勞，他們其實多渴望能自己動手。於是，我又打主意，看如何把電動牙擦固定在手臂上，讓癱瘓者可以自行刷牙。實驗還未開始，也未必成功，但我深信，以現今技術，這只不過是些雕蟲小技，不值一哂，甚至網上搜尋也找到類似的外國產品，但問題在於鮮有本地人願意為癱瘓者花心思，動腦筋。其實只要簡單小工具，已能改善癱瘓者的生活質素，提升自主能力。

後記／灰黑白以外 ←

許毓青的性格，內向且帶點憂鬱，雖然加入「路向」拓闊生活空間，但他形容自己：「我是那種可以天天足不出戶的人。」說來也是，意外後三年沒有輪椅，生活像「閉關」似的，卻從沒有半句「悶」字。

他習慣有話放心裏，即使生死一刻思念父母，但清醒之後卻無言以對；神志不清時，想與父母說句「我愛你，想念你。」獲救清醒，拆除喉管後，卻把一切說話吞回肚裏。

「我嘗試過，做不到，尤其與父親見面時，總是默默無語。」

童年時，父母經常不在身邊，毓青寄人籬下，早已習慣「有話未能講」。即使如何思念在內地工作的父母親，但內心情感，只能遙寄虛空，往肚子裏吞。縱然感覺不好，但長大後，這份不好感覺，仍然是內心一份最熟悉、最習慣的感覺。

毓青慢熱，要多點時間溝通才能打開話匣子，只要細心，不難留意到他在言語之外的表達方式，例如，約他拍照時，才知他的衣櫥裏只有灰黑白三種顏色衣服。

我說，衣著色澤可隨個人喜好，但人生在灰黑白以外還有很多色彩。

自從他找到話劇作為興趣，毓青外出的日子多了，說話也多了，甚至要在台上唱歌，人也開朗許多，但願，灰黑白只是用來襯托他未來更加多姿多彩的藝術生活。

ROUTE 08 岑詩敏

不自殺，便活好

岑詩敏

at 5, I gave up on suicide

文 → 蘇美智

詩敏個子小，頭顱的比例有點大，眼睛也大，四肢沒有力量，雙手只夠力舉起一隻裝不滿的杯子來飲水，說話陰聲細氣，坐在輪椅上軟綿綿的。她給人的感覺好柔弱，就像她自己的形容：布娃娃似的。但這個布娃娃自小便是「老人精」，心中藏着很多事情。「我好早熟，可能因為環境際遇，五歲就想人生問題，思潮起伏。」

五歲那一年，她想到自殺。

五歲：自殺不遂

小小詩敏跑醫院好多年了，最初幾年，醫生都弄不清她患的是哪門子怪病，怎麼愈長愈無力，總是軟綿綿的站不穩。直到她五歲，大家終於有個說法了：這是先天性肌肉萎縮症，無藥可醫，身體會一直退化，不會好起來。

對於這個「判詞」，小小詩敏一直迷迷糊糊的。直到有一日，她如常讓媽媽抱着去醫院覆診，遇上一個異常「坦白」的醫生。

「我記得他好惡好嚴肅地向我和阿媽說：岑詩敏你這個病最多活到廿多歲，十歲那年還要做一次大手術，不做的話更弊。你的肌肉會一年一年收縮下去，最終會壓住心肺，然後沒命。」

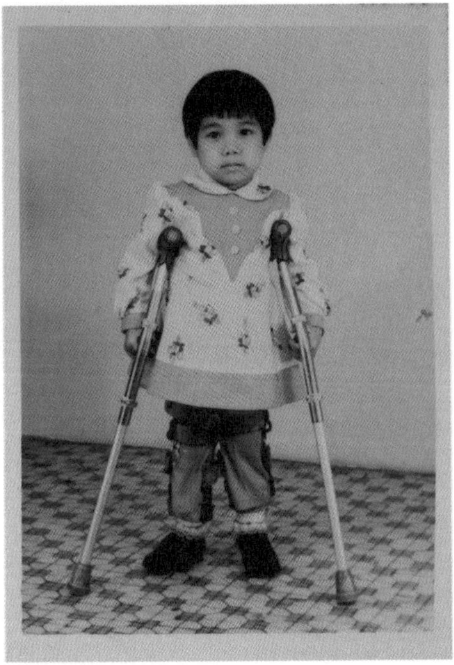

詩敏聽完呆了。她不是全部聽得懂，但「活到廿多歲」這幾隻字確實聽明白了。這猶如把一個計時炸彈綁在心頭，從此她認定自己活不過廿五歲。

「我一連幾晚睡不着，我問媽媽，也問醫護人員，但記不起他們怎樣回答了——大概都不曾正面回答。」

她決定用自己的方法去處理，那個方法叫自殺。「我想呀想，覺得自己很沒用，生存沒有意義，又是家裏的包袱。想到阿媽要養這麼多孩子好辛苦，我走了便好。」

現在她還記得當年到醫院做物理治療的情景：下巴士後，媽媽一手拖哥哥、前面抱妹妹、後面揹自己，大汗疊細汗，走好遠的路。一個禮拜三次。

「我想，橫豎廿年後都要死，早點死，總好過長大後才死，累得大家都傷心得要命。趁阿哥阿妹年紀小未懂性，他們很快便會忘記我。」

小小詩敏愈想愈悲涼，真的把自殺計劃付諸實行——還不只一次。

「我在筆袋內找來一柄小刀，趁阿媽下樓買菜時，在手腕割下去，但太痛，所以停下來。又試過拿櫈仔一張張疊起，想要爬到窗口跳下去，但我不夠力。也試過咬脷，但又真的太痛了。」

五歲娃兒怎麼知道割腕能死去？「醫生護士常在我手腕上戳血管，我知道那兒有好多血不能隨便切。」連走路都困難，怎麼會想到爬高跳樓？「我怕痛，一心以為跳下去簡單些，沒想過爬上去原來已經夠辛苦。」至於咬脷自盡這一招，「該是電視古裝劇的啟發吧！」

我們談着這三十五年前的舊事，有一點黑色幽默，邊笑邊心酸。我想像一個瘦弱的小小身影，用盡自己有限的生活經驗和所有力氣，不斷碰壁，仍然想要結束自己短暫的生命。

還好，她沒成功。

「幾日間，我屢敗屢戰，屢戰屢敗。之後，我終於想出另一個方法——既然自殺這麼難，不如回頭看：家人待我很不錯啊！要是我在此時此刻便死掉，他們可能會傷心得自暴自棄。阿爸煮粉麵時，或者會傻乎乎燙傷自己；阿媽車衣時，好容易失神弄傷手指；老師同學都會不開心。」她用五歲的邏輯演繹親友的傷悲。

一大個自殺危機，從衍生乃至實踐然後失敗再急轉彎，最終決定還是先不要死，全部在小小腦袋內發生。媽媽不曾發現，詩敏也一直沒跟人說。

爸媽和特殊學校的老師，花了很大力氣
為她建立一個大溫室，抵擋外面的風吹雨打……

「我編造了許多理由。譬如手腕有傷口，我會說自己用剪刀時不小心，橫豎我平素都總是碰碰撞撞，弄得渾身傷痕。」詩敏的笑容有一點得戚：「都說我是老人精。」

走路好痛好辛苦

詩敏軟綿綿的一雙腳，原來曾經走路；那時她三、四歲。還記得那種感覺嗎？

「好痛好辛苦。要扶着牆走，最叻可以走三塊大街磚那麼長，大概兩米吧！上特殊學校最痛，因為要上長斜坡，自己走，一上斜便跌。後來跌得多，連藥水膠布都懶貼，膝蓋長年結痂。」

痛是痛，不過現在回頭看，詩敏說當年應該還是開心的。「從前不開心，因為不懂得珍惜，只看到沒有的。現在回頭看，那時該開心才對。」但開心好不開心也好，腳踏實地的日子還是在她五歲時終結。那年她入院兩個禮拜，讓醫生在右邊小腿切開一道兩吋傷口抽取組織檢查。這一趟，她終於得到診斷，但自此以後再走不動。

她用許多淚水和痛楚換來的微小進步，全部付諸流水。

「最初好憎醫院好憎醫生，怪他們怎麼要開刀，令我走不動。長大後我才明白，自己患的病本來就會不斷退化，只是剛巧開刀檢查後那段日子，退化得特別快而已。」

詩敏小時候在醫院待過不少日子，但她只記得自己像一隻小小的白老鼠，被實習醫生渾身上下敲來打去。唯一的快樂回憶，關於一款提子汁。某次做完腰骨手術，媽媽帶哥哥妹妹來，還買了細枝裝的威路氏提子汁。那次好開心，自此她便愛上了，很大仍然在飲。可惜現在已經再難買到。

童年的快樂回憶，還有一家人到荔園玩的經歷。詩敏記得大笨象，和爸爸老遠買來的粉紅色傻豹糖。爸媽和特殊學校的老師，花了很大力氣為她建立一個大溫室，抵擋外面的風吹雨打。「我幾乎不曾感到被抗拒。這大概也因為，我頭大大像公仔，討人歡喜。最多被同學妒忌。」

但是岑家和學校不等如整個世界。「難得有機會一家人出門吃飯，出發時興高采烈，好開心地到達酒樓餐廳，別人卻朝我罵粗口吐口水。」癱在大BB車上被推到街上，小小詩敏常常被沒由來的仇視，有人說光是碰上她便不吉利。「我開始意識到，別人把我當怪物。那簡直是晴天霹靂。」

那時候，小小詩敏祈求自己能縮成一團消失，但現實中，她連退縮的本事都沒有——只能繼續坐在餐廳裏埋頭吃飯，佯裝什麼都沒發生。「回家會躲着哭，但不會讓爸爸媽媽知道。他們已經夠難受。」她偷聽過媽媽哭：「她以為我睡了，跟人通電話，哭着說：我的女兒長不大。」這樣的電話，她後來還聽過五六七八次，只能一如既往，佯裝不知。

她從此不喜歡出街。外面都是惡毒的壞人——這個想法在小小詩敏心中扎了根。很多年後，她中五畢業，獲獎學金到旺角珠海學院進修電腦，終於要離開特殊學校的溫室，戰戰兢兢地一頭栽進「壞人的世界」裏。

她這才發現，那個世界原來不全是壞人。

←

輪椅上的青春

「自殺不遂」後，小小詩敏來一個谷底反彈，採用另一種思考方式來生存——更積極的方式。「那時的生活圈子好窄，我心裏只想着要上學，學好寫字學習思考，不做一嚿飯，日後待在家裏幫得幾多便幾多。」雖然「大限」當前，但有個念頭一直在詩敏的腦中縈繞——哪裏才找到自己的價值和位置？怎樣令自己變成一個「較小的包袱」？「讀書不辛苦，總好過對住四道牆；讀書差不多成為我唯一的興趣……或者希望。」

這個全校最大的障礙，
卻滿載了詩敏的青春印記。

「玩到癲時，他們真的會把我架起在空中打圈。」

頭仔大大什麼都想一餐的「老人精」，原來讀書很聰明，只是她壓根兒沒想過，自己還可以到「正常人的學校」升學。「好興奮，好緊張，也好擔心。我不斷問自己：真的可以嗎？」擔心很多，先是學習程度：老師提議她進修電腦，因為她對數學有興趣，可是特殊學校沒有電腦課，她連電腦組合包括什麼都搞不清，怎麼讀？還有擺在眼前的障礙：她的體力能應付嗎？學校的設施能配合嗎？學校有人幫她嗎？她可是一個寸步難行的布娃娃呢！

但是這一大串問號，全都敵不過一個簡單又充份的理由：「橫豎我只能活到廿五歲，不試白不試。」

詩敏是那間專科書院的第一個輪椅學生。她記得第一日開學禮後，社工特地把她領到全班同學前介紹。「學校邀請同學協助我。」

詩敏需要的幫助殊不簡單，但那些來自「惡毒壞人世界」的同學，發揮了令人驚訝的團隊精神。從第一日開始，班上六十幾位同學便分組分更，日復一日地協助詩敏；到了後來，雖然人數漸漸減少了，但是最終仍然有為數十多人的中流砥柱，沿途挺她到學期的最後一日。要不是這班同學，她不可能畢業，詩敏說。

每朝早八時，總會有同學到復康巴士的站頭接她，把她推上斜路進入學校（詩敏上的學校，門前好像總缺不了斜坡）。課室裏，泊輪椅要幫、翻書要幫、吃飯要幫、去洗手間要幫。同學選科都不同，有時同學三時許已經下課，卻心甘情願陪詩敏等到五時，送她上復康巴士回家。總之，任何時候，詩敏身邊都有一班同學。「連我都覺得自己煩人，但他們從不怕煩——至少沒讓我聽到那樣的話。」

上電腦室前有一道階梯，必須出動四個孔武有力的同學，方能連人帶椅把詩敏搬上去。這個全校最大的障礙，卻滿載了詩敏的青春印記。

「那階梯上好好笑好多『蝦碌』。有時候幾個人一邊高一邊低，『揦手唔成勢』。我自己動不了，只能像布公仔似的歪倒一旁，指望他們扶正。有時不知差些什麼，他們不得不從頭來過。玩到癲時，他們真的會把我架起在空中打圈。」我想像一個騰空旋轉的布娃娃，和輪椅下笑成一團的同學。

說到這裏，詩敏也笑了：「像發夢一樣。」

輪椅上，青春在燃燒。

放學後，有時同學會一起到某人家中做功課，有時到卡啦OK消遣。他們請詩敏參與其中，連社交生活都管接管送。詩敏記得，媽媽每次開門給女兒回家，看到接送的同學，都眉開眼笑。她說女兒遇貴人。媽媽大概沒

想過，同學會待女兒這樣好。但她看到詩敏讀書辛苦，也確實心痛，常常叫她不要捱壞，讀得幾多就幾多。

開學頭大半年，詩敏每晚溫習到清晨三、四時。「電腦是完全陌生的學科，加上事事靠人，讀得好辛苦，差點要放棄。但想到一路走來幫我的人——特殊學校的老師和社工、獎學金、毫無怨言的同學，我就打消念頭。讀着讀着，興趣就來了。」

她原本的計劃只是「讀得幾多得幾多」，沒想過一個又一個學期地捱過去，兩年的課程終於畢業了，她還找到一份工作。

←

上班了！

小時候的詩敏心中有一張「廿五歲前要實現的」清單，上面從來沒有「工作」這一項。

但她竟然獲聘了，就在自己實習的那間小型電腦公司內。這家公司有三、四個人，同事負責硬件，只能坐着按鍵的詩敏就專責管理軟件。她說老闆是「師傅」，有愛心又不吝指教，詩敏有很多得着。她只遇到一個不大不小的問題：如何在公司如廁。

詩敏實習時，公司還有一位女同事。但後來女同事離職了，清一色的男上司和男同事愛莫能助。她和社工必須

另闢途徑——找家務助理。但這原來殊不容易，因為家務助理的工作一般只包括做家務和陪診，特地上門助人如廁並無先例，也無法歸類。

幾經周旋，她終於爭取到兩位家務助理每日中午來到她的公司，專門助她去洗手間。去一次盛惠五十塊錢，還好有政府津貼，棘手問題得到解決。她還出糧了，開始付家用。「我真的不是一個包袱了。」

但年多後公司便倒閉了。「我好徬徨，心裏想着，怎麼這個夢那麼快便完。」幸運的是她沒徬徨多久，因為從前電腦公司的四家客戶——都是珠寶商——決定聯合聘用她跟進軟件程式。

這趟柳暗花明，詩敏的薪金調高了，還可以在家工作。「我記不起是誰的主意了——是電腦公司老闆？客戶的要求？還是我的提議？」然而，在家工作不是詩敏那杯茶，她更渴望跟社會接觸。所以，從前老闆的舊拍檔自立門戶找上詩敏時，她又心動了。

她還買下一部電動輪椅。「好雀躍，像重新懂得走路那樣。」駕駛輪椅要經職業治療師評估，對方一聲令下「可以出門了」，詩敏二話不說便飆到街上。「人人都說我像隻老鼠仔，『殊』的一聲到處竄。我也可以自己去買東西，人家問我有沒有人幫？我說沒有，請你幫我把買來的東西掛在輪椅上。」詩敏說：「嘴裏答『無人幫』時，心裏其實挺高興的。」

「人家問我有沒有人幫？我說沒有……
嘴裏答『無人幫』時，心裏其實挺高興的。」

詩敏接下來還做過幾份工作。一份工，是自己主動請辭的。老闆把舊零件當新，砌成一部部「新」電腦賣出去。詩敏日日見到這個狀況，心裏不舒服，不想跟他同流合污。這次辭工要很大勇氣，因為對於詩敏來說，轉換工作絕對不是「東家唔打打西家」那麼簡單。「我後來有想過，自己是否做錯了。但我覺得辭工還是對的。」

上班不在她的「人生清單」上，但詩敏做到了。

好不容易找到第二份工作，不久卻被解僱了。「波士解僱我時，暗示有人刁難我。這是歧視，但沒有人說明。」詩敏沒有氣餒：「聖經曰：神所賜出人意外的平安，必在基督耶穌裏，保守你們的心懷意念。」最後，她來到香港社會服務聯會，一做十年。

「離開社聯是因為要兼顧的工作愈來愈多，但我的身體機能退化了，再不能負荷。遞辭職信前那段日子，我連頭都沒有力氣抬起來，決定要休息一下。」

她曾想過，休息一年半載再回職場，但身體似乎另有打算。

← 另一場人生

詩敏患的是肌肉萎縮症，也就是說，她的狀況只會每況愈下，而且近年確實變差了。她的字寫得比從前更歪，說話的聲量忽大忽小，坐太久頸部肌肉乏力，頭顱突然傾斜的頻率愈來愈高。我們的訪問必須分數次進行，限制每次的談話時間。但這還不是她最差的狀態。「如果你冬天才來，我會是另一個模樣。」很多人都怕冷，但詩敏不獨怕冷，還怕重——再輕的羽絨被蓋到她身上，都彷彿千斤重，壓得她透不過氣來。在冬夜她只能睡一頭一尾，感覺虛弱。

全職工作，似乎已經不可能。

「我感到無助，覺得自己很快便要離開了，有段日子常常生病。我想到我這類病人，要是這一秒有一口痰卡在喉嚨吐不出來，下一秒便會離開。我還有一個心理關口：我會否失去賺錢能力？這樣百無聊賴地留在家中，價值何在？」

但詩敏還是有本事，教自己慢慢調適心情：一切順其自然，別老想着不能控制的事；人的價值，不等如有償工作；況且，神愛你才做你出來，祂怎會做一個無用的兒女？

對，詩敏求學時信主了，她說自己在信仰裏得到平安，靠着神積極面對生命。現在，她每個禮拜到教會三次，有時會幫病人互助組織做文書整理工作，也為三間機構到不同的學校分享信仰和經歷。

這個「過來人」想教人明白，不應輕言放棄生命。「我不想每日打開報紙，便看到一宗宗自殺新聞，現在的年輕人意志太薄弱了。」

「有時走在街上，忽然會有人叫住我，問你是不是上次來學校分享的詩敏姐姐？那些講座有時坐了幾百人，有時一千人，一個禮拜一次，一年下來我多認識了萬多二萬人。」詩敏如數家珍：「原來，我不是沒工作，我的工作是轉型了，現在做得更多。」

她也當上「哎吔」媽咪，幫忙照顧兩個姨甥女。小姊妹一個六歲一個三歲，蹦蹦跳很活潑，可是詩敏一聲令下，又會乖乖地替敏姨提電話。一次，詩敏說着說着，頸不夠力頭往下傾，她喚一下大姨甥女，小女娃便很有默契地，隨手替敏姨扶正頭顱。原來是一個滿有經驗的小看護。

「她們對我大概又愛又恨，因為我很嚴格，賞罰分明，罵完又會哄她們。尤其是家姐（大姨甥女），我看着她長大，我說一她從不敢說二，這是訓練得來的。」

生命的道路沒讓詩敏當上媽媽，卻為她闢出一條小徑，讓她也嘗嘗當「哎吔」媽媽的快樂。「小時候我是老人精，但兩個孩子把童真帶回給我。我看她們玩得高興，自己狀態好時，還會跟他們一起瘋，駕着輪椅轉轉轉。」小孩子有各種甜蜜的法子，叫大人無從招架。譬如說，大姨甥女偶爾會失驚無神，喚詩敏作「媽媽」。

「我心都甜了。」詩敏說。

← 死前必做的人生清單

像那些流行讀物《死前必做的十件事》那樣，詩敏也在心中羅列出一張人生清單。只不過，她把實現期限訂在廿五歲之前。

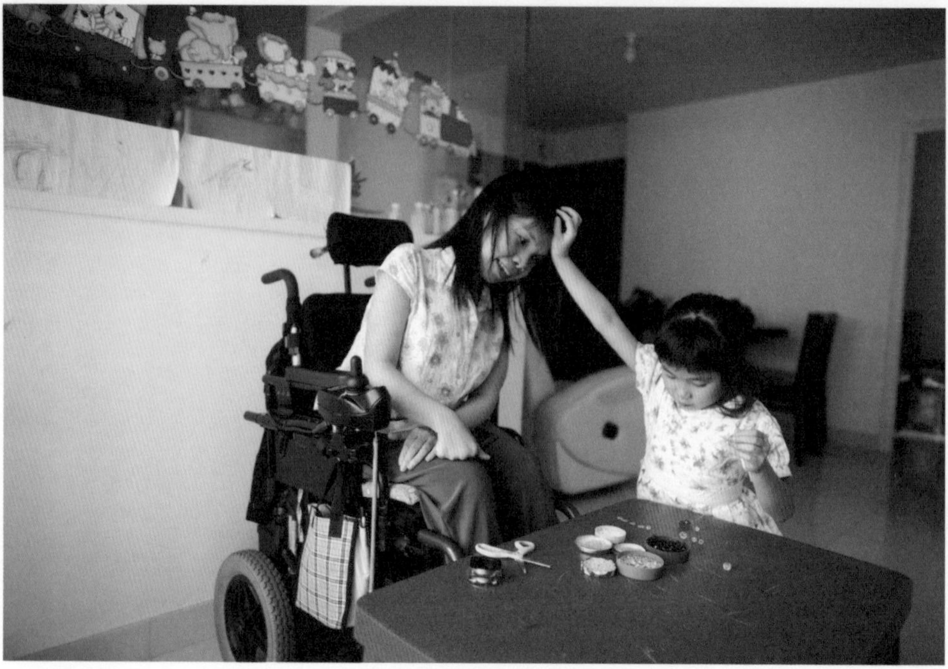

她喚一下大姨甥女，小女娃便很有默契地，隨手替敏姨扶正頭顱。原來是一個滿有經驗的小看護。

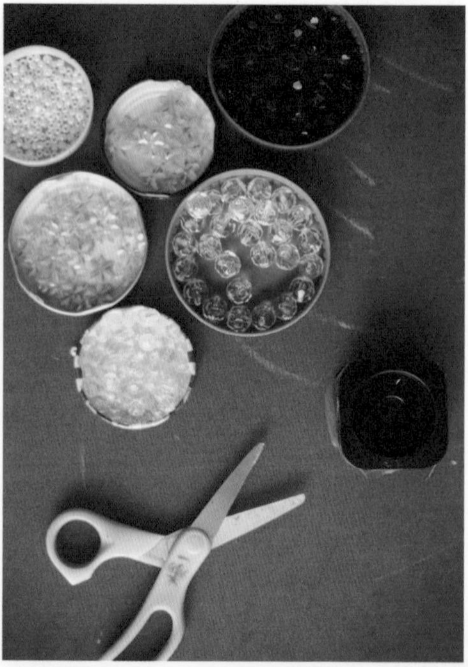

詩敏愛做手工，最小巧的那一種，
「材料重一點，我便拿不起來。」

「小時候，我的清單上包括努力讀書、讀到中五、孝順父母、學識寫字替他們寫信、學道理替他們分析事情、教兩個阿妹德智體群美讓她們不變壞、想去旅行、想回饋曾經幫助自己的人……」回頭一看，這張清單她現在超額做齊了，可算無憾？她笑說：「我不會說無憾，因為清單又變長了。每年我都會刪除一些已經完成的項目，同時添上一些新的。我有太多東西想做，不會讓自己停下來，這樣才有前進的目標。」

她也過了廿五歲生日很久了。「廿五」這個數字曾經是詩敏心頭的一把鎖，但在今時今日，再沒有特殊意義。那年生日，她不曾特別慶祝，只是用心記住：我已經打贏了這場仗，醫生說的話不會發生。

跟她同病相憐的友人，很多都較她先走一步。詩敏也有心理準備，自己的病情或者很快便會急劇惡化——她無疑已經退化了不少，從前能做的，如刷牙、洗臉、扭毛巾、用鎖匙，現在全都做不來。但她說不打緊，而且她已有心理準備，有朝一日必須插喉出街。「還是那一句，趁一口氣在，能動得多少便多少，在限制當中找無限。所謂『離去』，只是回到天父的懷中。」

她有一個感覺：由廿五歲開始，每一日都是賺回來的。

至於令她有這種感覺，五歲時遇上的那位醫生——如果重遇，妳準備跟他說什麼？

「我會多謝他這麼夠膽，跟我坦白說病情。因為現在的醫生都沒有那種膽量了。雖然生命不在我掌握之中，但起碼我能知道——好不好我都想知。但是我也會告訴他：你錯了。凡事總有例外，我便是其一。至少神留着我的生命，讓我做得更多。他要再說那樣的話前，必須要有相當支持才成。」

沒有計時炸彈的話

詩敏多謝那位醫生時，我原以為，裏頭應該有怨有恨有諷刺。

但統統沒有，詩敏是真心真意感激他的，而且認定，要不是醫生那個「計時炸彈」，她大概跟從前特殊學校不少學姊學弟一樣，早就走了。因為她會把日子「順其自然」地過，然後「順其自然」地死掉。嚴格來說，他的話令詩敏變得積極，激發她好好規劃打後那二十年的日子，做她想做的事。

「如果沒有他的話，我不知自己會『戇居居』多幾多年。」

當然，這一切都是有註腳的——要是當日小小詩敏自殺成功，諸如此類的致謝辭，便可以乾脆省掉了。

詩敏的生命清單上，有過戀愛這一項嗎？我大着膽子問。

十來歲時，詩敏跟所有女孩子一樣發過荳芽夢，但苦無對象。直至她到珠海書院唸書，他終於出現了——是一個很積極的同學，兩年來不間斷地幫助詩敏。某年生日，他給詩敏送花和她摯愛的大頭狗公仔，她的心情又高興又矛盾。從此，這樣的生日禮物一送四年，畫公仔都快要畫出腸了，但是二人從沒說穿。

「我一直沒動靜，他也一直沒表白。我想，他也許跟我一樣，還沒想通。」畢竟，這一步打後便是殘酷的現實——生活的壓力、親友的竊竊私語、二人行的艱難前路。「如果他真的表白了，也許輪到我退縮。」戀愛的甜蜜和痛苦往往聯袂同來，這一場恍恍惚惚的戀事，最後在抑壓中落幕。

這些年來，年長了，閱歷豐富了，要是再面對戀愛，詩敏說，她的想法會有點不一樣。「我不會立即說好，但我會請對方給我一點時間……大家都是成年人了，他來表白的話，該清楚我的狀況，考慮過未來要面對的生活壓力。」

要是真的有病友想跟她發展，她會希望，對方也有良好的心理建設，先接受自己的病，不必詩敏倒過來去安慰他。「有些人接受不了自己的病，很快便過身。喜歡我的人，生活態度一定要積極，而且能理解我的生命歷程，能承受我不知何時會走的現實。」至於正常人？詩敏說，更難了。

早幾年，詩敏或多或少會想到戀愛問題，找個伴一起把餘下的路走下去。但這種渴求已經慢慢退去，有時她會想，從讀書到現在，每個階段她都有不同的人陪着走，不一定要終身伴侶才成。

她只是有一點不忿，為啥身邊的人從不敢過問她的戀事、她的心情。他們什麼都敢問，但就總是太小心，怕踏中地雷似的，對於她的感情生活唯恐走避不及。「我不知道該怎麼形容，但是前面彷彿有一個大洞，大家怕提起、怕尷尬、怕傷到我。其實，我也是一個女仔，又不是有什麼構造沒有了。我寧願人們用平常心——可以問，可以關心，也可以一句起兩句止。」

「只有肌腱會的職員間中笑說：詩敏，怎麼你還沒拍拖？是不是眼角太高了？聽到這些話我會高興。因為這說明，我也是一個正常人。」

SIDE ROAD B ／詩敏媽：不笑難道哭嗎？ ←

詩敏說，媽媽永遠都是一臉慈祥。「從前我媽大可以把我放到孤兒院，不用為我『撲』學校，不用如此辛苦養大我。但她沒有。她好厲害。」詩敏說。

我上她家打擾，還看到她是一位很爽朗的女士。在未弄清我是詩敏的何許人前，她已經讓我抱着她的小孫兒哄他睡了。那是一個傻乎乎的小壯丁，非常討人歡喜。

對於詩敏，媽媽的想法很簡單：「她只是手腳不好，又不是腦袋不好，怎能丟下她？況且，別人跟我說，這樣丟下自己的女兒，下一個跟她會長成一個模樣。我迷信，也着實不捨得。事實詩敏好乖，也想不到她日後讀書那樣叻。」

「現在最擔心的，是日後我們兩個（她跟詩敏爸爸）不在時，不知誰照顧她。但也不能想太多了。從前在酒樓賣點心，人家總是問我：女兒長成這樣，怎麼你還笑口常開？還要長得這麼胖？我說，不笑，難道要哭嗎？」

SIDE ROAD C ／令人痛恨的樓梯機 ←

無障礙通道說了多年，但是幾位受訪者每每談及地鐵的樓梯機時，都恨得牙癢癢。

你一定見過這些樓梯機，它們在沒有升降機的站內，用來運送輪椅上落樓梯。它們看起來很巨型很笨，用起來有一點煩人，因為輪椅朋友不能自行操作，必須乖乖地等候職員來幫忙；但最最最教人恨的，是它經常沒由來地壞掉，簡直惡名昭彰。

詩敏初到社聯見工時，便差點栽在樓梯機上。一九九九年，她第一次到灣仔面試，從石峽尾的家出發，比正常的交通時間提早一個鐘。誰知就在石峽尾站，樓梯機中途「當機」，她只能不上不下等人打救，最後遲了整整一個鐘。另一位受訪者祥仔的老家在石硤尾，他探望媽媽時，也常常中同一部樓梯機的道兒。一次晚飯後他乘地鐵回去，卡在站內的樓梯機上，一等便等到半夜十二時許。

所以，識途老馬的輪椅朋友都懂得避走樓梯機，寧願駕電動輪椅多走一個站。

後記／我和詩敏，原來是街坊

認識詩敏後，我們常在路上不期然遇上。每次現身，她身邊總有一個蹦蹦跳哈哈笑的小女娃——她的大姨甥女。一次碰面，我忽然在腦海閃出這個畫面：學校階梯上，詩敏被四個同學架到半空轉圈。我有一個錯覺，當日那個坐在輪椅上任人擺佈的女學生，心中也有一個蹦蹦跳哈哈笑的小女孩。輪椅下的同學在忙着，小女孩卻踮着腳尖飛也似地在跳舞，一步一開花。後來詩敏告訴我，她現在也會跟姨甥女瘋玩：駕着輪椅繞圈轉呀轉，讓兩個小女娃樂翻天。

詩敏的笑容彷彿告訴我，我們能怎樣活——笑着活還是哭喪着臉，最說得準最能「話事」的那個叫腦袋，不是四肢。

而我們這些所謂「正常人」，好歹有腦袋也有四肢。

ROUTE 09 阿傳

跨過監獄，逃過地獄

阿傳

ending a part to beginning another

文 → 伍成邦

二零零三年，SARS的死亡氣氛籠罩香港，能躲在家的都減少外出，人人變身「蒙面俠」，處處都是口罩。一個鬱悶中午，廿四歲的阿傳，照例「晚出早歸」；不同的是，過去十幾年來，他把家人、朋友甚至自己弄致天翻地覆、雞犬不寧的日子，即將終結。

患上失眠的人，春天最難熟睡。那天，阿傳輾轉反側，難以入寐，卻嫌兄長飼養的信鴿在窗外冷氣機頂來回踱步，倍添煩躁，於是走到天台，爬出平台，用竹枝驅趕鴿子。萬料不到，素來翻窗爬牆、爆格盜竊、身手敏捷如諜影神偷的阿傳，為了幾隻嘰嘰咕咕的信鴿，失足墮樓——秒速剎那，他從七樓跌到二樓平台，頭骨爆裂，傷及頸椎，全身癱瘓。

當傳母收到墮樓消息，即時反問：「死了沒有?!」

傳母由寵壞兒子到關係變差，其實是由傷心變死心。「媽寧願我死了，因為我曾經負累好多人。」阿傳說。

搶救

墮樓後，阿傳被送往東區醫院，除了頭骨爆裂要縫針，更嚴重是因為從高處墮下，傷及頸椎。入院時，阿傳失去呼吸能力，要插喉，後來感染肺炎。SARS期間染上肺炎，阿傳驚死都來不及，醫生已在咽喉位置開孔，接上呼吸機。

清醒一刻最慘痛：「有個護士恍惚等了這個機會很久，刻意走到牀邊，狠狠地跟我說『你一世都要躺着，不能動了！』」阿傳咽喉開了孔，不能開聲講話，只有淚兩行，流到枕邊。

在醫院的日子，阿傳用口水發出吱吱聲，示意求助，護士只能猜他的口型想要什麼，不一定猜中，而他特別記得林少燕：「我覺得醫院裏的護士沒有人情味，唯獨是她。雖然戴着口罩，看不到樣貌，但她真的很好。我康復了一點，便會哄我，問我想吃什麼？」阿傳竟然用口型說糯——米——雞。「吃糯米雞？大件事！你想死嗎？」然後林少燕給他買了豆腐花。身陷病苦時送來的豆腐花，叫阿傳甜足一世。

SARS期間，醫院嚴禁探病，院牧成為唯一自由出入的人，給予病人關懷：「牧師跟我互不相識，但他看着我，哭了，他竟然為我這個垃圾、渣滓哭，令我很懷疑，想去了解這個人是什麼構造？」牧師的大愛，為阿傳撒下基督信仰的種子。

經歷東區醫院多個部門施救及醫治，再轉介至東華東院作復康治療，阿傳在醫院度過半年。剛出院時，可以自行呼吸，但全身大部份面積失去知覺，四肢只剩左手能作有限度活動。

頑童

←

阿傳走上打家劫舍，吸毒傷人的路，最終墮樓畫上終結，要從百無聊賴的童年說起。

傳父爛賭脾氣壞，阿傳記得四歲時，父親拖着他的小手在路上送別，然後跑往澳洲工作，為移民鋪路。傳母留在香港做鐘點家務助理，只想多賺點錢，改善生活。但一家人最終沒有移民，三年後，傳父回港與家人再聚。

傳母是家中的「話事人」，居於赤柱馬坑，她深愛阿傳，但教導方式力不從心。阿傳無心向學，初中讀書不成，傳母求助赤柱的香港航海學校（簡稱：赤航）收容。卻不知道，兒子已是赤柱惡少年，過着「掛名黑社會」的日子，即沒有經過正式入會儀式，卻有「大佬」要跟，一聲「開片」，不問因由，必定要到。

閒來無事溜沙灘，或割爛漁民的籠子偷海鮮，焓熟後全部扔回海裏，十分無聊。另一「經常活動」是與「赤航仔」打架，故早有結怨前科，如今入讀赤航，同學豈能不把新仇舊恨一併解決。

赤航分走讀及寄宿，阿傳屬於走讀生：「下課馬上飛奔，慢半秒也死定。」導師對這頑劣學生也用上「最歹毒」的警告（恫嚇）：「再度犯事便罰留宿！」該是看透阿傳與學生之間的積怨。

「罰留宿，我實畀人溶啦……一定攀山逃跑。」阿傳說，四點下課，繼續遊蕩，藉口打架發洩或到酒吧飲酒……只讀了兩個月便退學。

←

吸毒

離開航海學校後，阿傳跟過母親做小販，跟過阿姨賣水果，嘗過月入港幣四千餘元的滿足，又在銅鑼灣著名台灣料理打工。母親寵愛阿傳，把赤柱一個小單位給他與兩個輟學少年同住，近墨者黑，幾個慘綠少年，白天晨運跑步，晚上沉迷「標童」，大家玩到「撞鬼」，深信靈界力量，惹來疑幻似真的怪事。

十六歲有第一份正式長工，在鰂魚涌食肆做廚房，月薪九千餘元，很不錯，但經常逃工；十八歲經親戚介紹到筲箕灣大牌檔做廚師，上班時間卻沉迷遊戲機店，要老闆找到才願意開工。阿傳被解僱，也屬必然的事。

生活總是賭錢、遊戲機店、桌球室……阿傳初嚐毒品，由舊同事把毒品帶到阿傳的赤柱居所開始，並用最老套的對白引誘——「試幾次不會上癮喎！」然後大家把粉末混入香煙一起吸食。但很快被赤柱「大佬」發現，毒打一場。當年赤柱黑幫有江湖規矩，可以打鬥傷人，絕對不容沾染毒品。

可惜朋輩中有人欲罷不能，阿傳再次吸毒，還懂得在灣仔便利店交收：「一百元一粒，用膠袋或飲筒盛載，是海洛英，吸了輕飄飄的，可以透支很多體力，但往後似死掉一樣，要不斷睡才能復元。」

某日，阿傳與母親坦言染上毒癖，母親驚魂甫定，即把兒子送到內地親戚家自行戒毒。阿傳說，過幾天已停了吸毒的慾望，但回港後女友提出分手，心情壞透，開始打白粉針。兩周後，又被母親發現，這次被關押家中戒毒，全身抽搐跳動，異常辛苦。

後來朋友介紹他到赤柱西餐廳打工，豈料只做了一個月，卻翻臉恐嚇店主勒索三個月解僱工資，那時候，阿傳已經惡到入骨。

犯案

沒有工作，不斷犯案，卻從未入獄。爆竊赤柱店舖，見打烊後現金不多，於是偷香煙，剛好被便裝警察搜身，卻沒被搜出來；打劫赤柱便利店，給閉路電視拍下了片段，上到法庭卻被認錯人，當庭釋放；再次爆竊，只被檢控刑事毀壞，不用坐牢。據阿傳稱，那次在警署內已被打至「變形」，法官見狀馬上批准保釋，阿傳去了警察投訴科，他認為，警方撤銷意圖爆竊的控罪是想他妥協。

即使收錢傷人，也能脫身。那年，阿傳住青龍頭，不時與新界罪犯商量如何打劫，甚至收錢殺人：「但其實我並不那麼大膽，只敢傷人，那次被指使向一名女人宰一刀，說明不能斬死，但要她進醫院。我在她背後一刀宰下，然後按計劃撤退，途中丟掉兇器，收下五、六千元，當晚便去旺角夜總會與朋友花掉……」

無仇無怨，宰人一刀，風險高，價值低，這些都是阿傳從來沒有考慮過的事。如今細意思量，每次犯案都能脫身，該算走運抑或倒楣？如果被判入獄，也許不會全身癱瘓吧，但世事豈有「如果」。

未到廿歲，毒癮已深，阿傳吸毒最狠是在海味店當跟車送貨的日子，專偷瑤柱海參鮑魚，交毒販壓價回收。每天花掉三四千元吸毒，要偷很多乾貨才夠，但身體同時變成「毒品垃圾桶」，打入血管的海洛英、搖頭丸、氯胺酮、冰毒……但求麻醉身體，不斷吸食。

阿傳毒癮深至產生幻覺：「試過搭巴士時見到透明人；平日疑神疑鬼，以為被人插贓；買了褲子，疑心驟起，便回家剪碎查看究竟；又把家人的東西由裏面翻到外面，永無寧日……」

有毒販曾經誤會阿傳是「二五仔」，向他報復。毒癮深的人多數疑心大，經常以為被人設局陷害，故此毒販向癮君子報復，不斬不殺，只需靠嚇，如派人跟蹤、假裝放些東西到他身上、打神秘電話等，都足以誘發精神崩潰，自招橫禍，俗稱「跳掣」。這件事，令阿傳長期困擾，沒法解決，直到墮樓之後，事件才告平息。

戒毒

阿傳說：「失足墮樓前一兩年其實若有所悟，明白親友都傷透心，重複欺騙，重複借錢，有借無還，再好的親友都離我而去……我希望爭氣，不被毒品控制，但一次又一次令人失望。」阿傳說：「每當有閒暇，心魔便來了，想逃避現實，於是再沾毒品。」

本來，被判入讀「悔改歸正」的基督教正生書院是阿傳的翻身機會。正生書院位處離島，專門收容行為上有問題的年輕人。透過勞動與信仰令問題青年「出死入生」，重新投入社會。在這物質匱乏，生活刻苦的寄宿學校裏，阿傳曾經快快樂樂地倒屎倒尿淋冷水浴，享受沒有物質可供爭奪的環境下，剩下來最珍貴的手足情誼。

但阿傳抱有歪理：認為《聖經》太多規條，人怎可能不賭錢、不貪心，不可能的。毒品可以不沾，打遊戲機和飲酒不可以無……偏偏，願意與他打遊戲機和飲酒的朋友，在消遣過後很難沒有「下文」，間接讓毒品留一條尾巴。

阿傳說：「在正生書院能夠改正的人，除非做了虔誠基督教徒，否則離開後，大家盡量少聯絡。一般心態是，避免大家貪玩，再沾毒品，互相負累。」阿傳自認野性難馴，不甘被困，留宿兩年，終於離開，但再去其他戒毒所也未能成功戒毒。

恩典

失足墮樓之後，阿傳認為，一切都是神的安排。

從醫院出來，阿傳的大腿直徑比從前萎縮一倍，雙腳癱瘓，梯級上不了，洗澡大便要人照顧，上下睡牀要人幫忙。傳母無論心力、體力與財力都應付不了，只好安排兒子入住安老院。

廿五歲入住安老院，別人覺得境況淒涼，可是阿傳說：「母親找到這間安老院是奇異恩典——沒有這家安老院，我才淒涼！政府綜援給我多少，安老院便收多少；本來房間已滿，入住前，一名長者剛離世，騰空一間房；本來沒家具，剛入住，即有棄置櫃子，搬來使用，尺寸剛好，後來又裝上電視和電腦……」

安老院內有位護士是虔誠基督徒，問阿傳要不要去教會，阿傳選了對面馬路那間：「幸好這教會沒有熱情教友游說我信奉耶穌，無人理我，反而願意留下，願意每周聽講道。」阿傳定期參與教會聚會，一個月後，正式洗禮成為基督徒。

晚上失眠，阿傳望着天花，誠懇地問神：「我還可以做什麼？」他不斷問、不斷呼喊……心想全身癱瘓，還有什麼意思？

未幾再返教會，恍若神在回應，一位弟兄問：「阿傳，不如學點東西吧？」阿傳無奈地反問：「只一隻手，可以學什麼？什麼都做不到。」

對方是音樂系畢業，建議一隻手可以學口琴，並送他一支口琴，阿傳認真學習起來。憑着一支口琴，讓阿傳

晚上失眠，阿傳望着天花，誠懇地問神：「我還可以做什麼？」
他不斷問、不斷呼喊……心想全身癱瘓，還有什麼意思？

憑着一支口琴，讓阿傳建立自信，也讓母親哭了。

建立自信，也讓母親哭了。

四肢健全時，阿傳只有不斷問母親要錢，從來沒想過供養：「學了口琴，第一次在葵青劇院演出，那是一個感謝醫護人員的音樂會，竟有八百元車馬費，我把支票給母親，她哭了。不是因為錢，是媽在想，我可以在台上表演，很感動。」

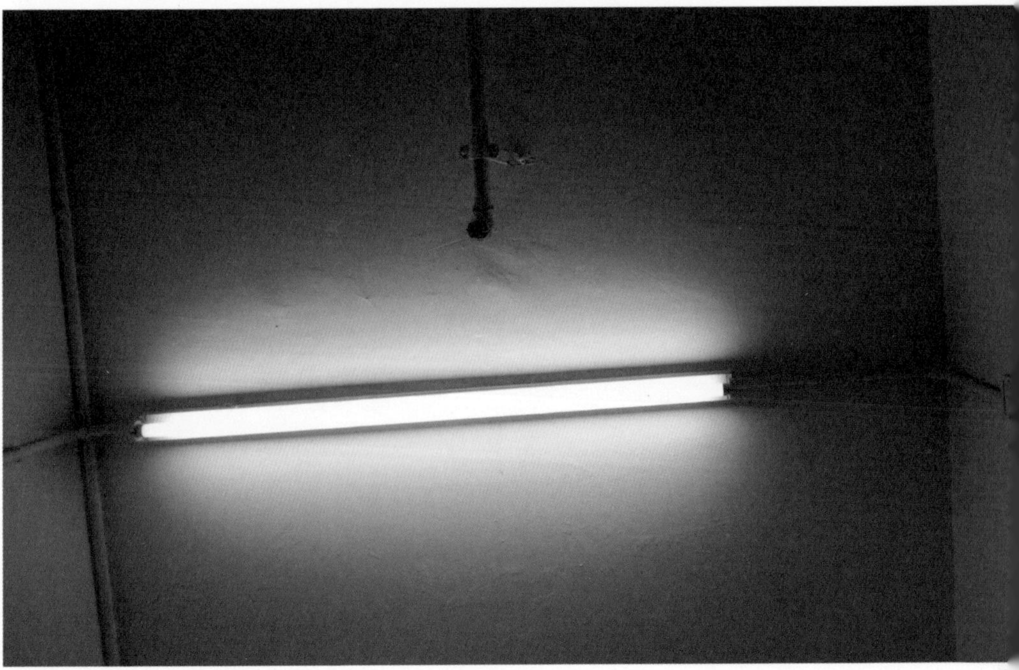

← **阿婆**

旁人看來暮氣沉沉的安老院，卻是阿傳的歡欣樂園。阿傳身體不能動，卻用嘴巴戲弄長者，鎖定一個目標，一直叫她名字叫到她煩，然後自己笑；對着失智症（老人痴呆）老人，刻意講東，等他説西，然後又笑一餐；到腿部能動一點，便去踩婆婆的輪椅，作弄婆婆，笑足一天，把院舍裏的公公婆婆當作「玩具」。但叫阿傳最難忘的，是一位眾人都叫她「阿婆」的婆婆。

阿婆性格固執欠人和，自從遇上阿傳，卻天天自掏腰包給阿傳買早餐、煮午餐，晚餐更經常送上「阿婆靚湯」。阿傳天天吃「阿婆私房菜」，根本不用吃安老院的飯餸。阿婆那丁點兒私己錢，是兒子給的零用，幾乎全部花在阿傳伙食上。「阿婆視我如孫兒，她會疊好被子和毛巾，給我墊得好好的，讓我坐得舒服些。」阿傳説。

阿婆身體不好卻很堅強，她割過子宮，患過乳癌，大小二便要透過人工造口流出，卻從不假手別人，自行整理，更換便袋。阿婆固執，發燒至四十多度也拒絕求醫，院舍內，阿傳最關心她，阿婆晚年多次入院，阿傳獨自駕着輪椅，走過陡峭山路到醫院探病，感情深厚。

在安老院住了五年，阿傳成功申請公屋，並獲家務助理照顧，離開安老院時，阿婆哭了。阿傳搬往公屋，阿婆再度孤獨，幾個月後，悄然離世。阿傳認為一切都是神的安排：「阿婆把我養得肥肥白白，不是神的安排，哪有這麼多巧合？」

四肢健全站起來，是自然而然；四肢癱瘓站起來，是天方夜譚。「醫生說我難再有明顯進步，能夠坐上輪椅已是奇蹟。」在醫院時，當傳母聽到醫生判斷阿傳康復程度「差不多」，應該出院，她馬上向醫生發怒火：「兒子才康復一點，你一盆冷水潑向我身上?!」

在傳母責罵醫生一刻，阿傳感動了，他形容上帝在跟他說話：「阿傳，你要安慰媽媽。」於是阿傳把母親叫進房間：「媽，你放心，我會再站起來的，你不要再這樣了……」

阿傳再站起來，是入住安老院後半年的事。

某日，傳母說帶阿傳看中醫。阿傳素有偏見，認定針灸、按摩能醫癱瘓都是騙局，今次竟然輪到跌打，為了敷衍母親，便去一見。

跌打醫師先行刮損頸部表皮，敷上中藥，阿傳去過幾次，不忍母親浪費金錢，拒絕覆診。豈料醫師說，為求完成療程，往後不收分文，於是阿傳繼續接受治療。

說也神奇，阿傳漸感雙腳有力，有天吃飯時，腳底有東西墊着，他嘗試站立——噢，真的再站起來了……但阿傳卻連醫師的名字都沒有記住。「我不記的，我是很被動的人，非常被動。」阿傳覺得，再站起來，是神在實踐祂的承諾。

好一段時間，阿傳透過路向四肢傷殘人士協會到處分享個人經歷，鼓勵別人逆境向前；在教會，一而再地感動弟兄姊妹，做神的見證；在安老院，他自學電腦，直至今天，教會或安老院遇有電腦問題，仍找阿傳上門「義診」；在「復康力量」學會平面設計，不但有學員津貼，更令阿傳成為「路向」及教會的「專用」美術排版；學完設計又學攝影，夢想儲夠錢改裝輪椅，能升能降能傾斜，裝上合適攝影器材，便用一隻手也可以拍攝；甚至報讀投資課程，拓闊財經常識。

路向 ←

近年，阿傳對前路顯得迷惘，轉向低調。

訪談間，當知道阿傳能站立，且能走幾步路時，既驚訝又好奇，於是請阿傳站起來看看。只見他緩緩把雙腳踩在地上，俯身向前，雙腿發力，慢慢地，整個人前傾地站起了，我怕他跌倒，一手放他胸前，一手放他腰部，隨即發現，他的腰完全繃緊。

阿傳每次站立都會抽筋，要等一段時間才能站直。然後，我扶着他雙肩，阿傳全身僵硬，胳肢緊貼身旁，恍似用力拉扯便會骨折。那完全失去活動能力的右手，忽然抖動一下——又是抽筋。實在不忍看見他站着難受，於是扶他再次回到那張形影不離的輪椅上。

能夠再站起來走幾步路，是經過艱苦練習；但如今為何退化，僵硬起來？

阿傳說，經年努力，卻不再有明顯進展，於是像個洩氣皮球，停了下來。近年新做手術後，經常不適，還有背痛等病苦，叫他失去練習動力。

如今要他再去分享感恩的人和事、說些勵志的話都不在狀態，也不知道憑什麼可以鼓勵別人：「幾年前覺得，生活都是賺回來的，該好好珍惜，該活得精彩，該做更多的事；但現在的日子只是等，等日子過……有得玩便玩，有得打機便打機，有得吃便吃，有得做便做，不會刻意去計劃事情。」

面對嚴重殘障者來說，旁人沒資格評論當事人的病苦有多深，但與阿傳交往中卻留意到，穩定的學習津貼，家務助理的貼身照顧，都容易令人沉溺安逸。他安住不動，已經能夠把需要的東西「吸」過來，即使——有些東西未必實用；有些照顧，是服侍過頭，無論殘障抑或健全，只要貪戀安逸，便會消磨動力。

阿傳是個聰明人，只說兩句，已有所領悟。他向作者說：「多謝你，這訪談很有感覺，試過跟別人傾談，沒有人答到我，我覺得不知道自己在做什麼，甚至不想上班，不想做事。這次訪談，讓我想通了……我要努力，想清楚自己應該怎做，希望你下筆時，這些值得去寫。」

人的情緒有高低起伏，過一段時間，阿傳又重拾動力。隔了一段日子，再約阿傳，這回，他告訴我，至少兩件事值得馬上繼續，首先定期返教會：「這是最基本的事，我返教會，整個人有『火』的。」另一件事，他要保持練習比正常人更加珍貴的活動能力，雖然再練十年也未必有突破，但安坐輪椅而疏於練習，時間只會把僅餘的活動能力也收回，在癱瘓者身上會更加明顯。正如護士說：年紀愈大，頸部軟骨愈薄，手腳活動會愈來愈差；適量運動，不會令活動能力變好，亦會暫緩變壞。

阿傳的性格易受朋輩影響，童黨、道友、毒販、黑幫……身邊出現什麼人，便融入什麼社會。墮樓後，全部「換班」，身邊有充滿愛心的護士、牧師、長者、教友、家務助理……還有「路向」的義工，於是，阿傳又蛻變成另一個人。

阿傳癱瘓是個「奇蹟」，他惡貫滿盈，不踩進地獄也該踩進監獄，但他兩邊不着，失足墮樓，全身癱瘓。

阿傳說：「我賺了，是真的——行這樣的路，就要有這樣的因果……有多少人可以抽身？雖然現在失去活動自由，但今後毋須擔驚受怕，我賺了。」

阿傳讀過「九型人格」，深知自己是「七號仔」——是個活躍、享樂的通才者，對外來刺激很快有深刻回應，興趣多樣。阿傳人生的下半場才剛剛起步，路向如何，在乎他如何選擇。

SIDE ROAD A ／信仰 ←

林牧師說：「這兒的教友並不熱情。」是的，過分熱情，適得其反。慢熱，反而讓人有空間感。阿傳鍾情這基督教會，正因為教友慢熱，更不會給他特別關注，一切來得自然而然。

阿傳墮樓出事，正值二零零三年SARS，當時公立醫院一律不准探病，院牧成為唯一自由出入，給予病人心靈關懷的「工作人員」。林牧師解釋，大型公立醫院資源緊絀，除非病情極嚴重，否則，情況轉趨穩定，便馬上安排病者到其他醫院繼續治療，以便騰出空間，讓更需要的人入住，故大型公立醫院一般住院時間平均僅二至三天，即使院牧想給予病者持久關懷也不可能。但阿傳頸椎受創，情況嚴重，留院時間也長，院牧有特別多時間給予關懷，在信仰路上起了重要作用。

出院後，阿傳住進安老院，找上毗鄰大廈的教會。慢熱的教友，讓阿傳在陌生環境下感到自由，反而成為他留下來的原因。林牧師表示，若果阿傳在全屬傷殘人士的團體裏，設施與活動設計針對傷殘人士，只會事事「無障礙」，那他未必有動力去讓自己與「一般人」盡力看齊。這教會的對象是「一般人」，阿傳不是唯一要坐輪椅，更非唯一殘障。有位天生只有左手的教友，憑個人努力，一隻手也能彈奏鋼琴，與阿傳曾一度成為音樂會上的「明星」，與牧師同台演出，開了兩場感謝醫護人員的演奏會。阿傳的努力，讓母親同時受到感召。

阿傳熱衷投入聖靈生活，曾為教會刊物作排版美術，牧師更想聘他為正式員工，但礙於綜援條件所限，阿傳選擇當義工，不領薪水。但近年阿傳身體狀況出問題，加上個人決心動搖，減少前往教會；傳母更是去旅行多過見牧師，已經很久沒有出席教會活動。

林牧師了解阿傳不愛被約束的性格，更明白，教會本就是人來人往的地方，總有人離開，也有人長期留下。對阿傳來說，信仰路上的起伏，與「一般人」無異——但這「一般人」的感覺，反而是教會沒有特殊厚待他的成果。

← SIDE ROAD B ／愛情

阿傳天生一副浪子相，命帶桃花，嘴巴懂得哄人。四肢癱瘓，卻沒有「癱瘓」了他的感情生活，入住安老院，曾與年僅廿餘歲的護理員發生短暫情緣：「朝夕相對，常常聊天便有感情……」但對方背景複雜，有家庭壓力，後來分開了。

自從阿傳獲分配公屋及家務助理津貼，便離開安老院。四肢癱瘓者的「家務助理」，等如癱瘓者的四肢，她們所做的，除了起居清潔，還有極為貼身的照顧。

第一眼見到Annie，一身黝黑皮膚，燦爛笑容，當看到她如何打量阿傳身邊朋友的眼神，便感覺到她與阿傳不止僱傭關係。我直問是否情侶，二人沒有隱瞞，但說來卻有點迴避，甚至有點迷糊。

Annie來自印尼貧窮家庭，一如大部份來港家務助理，只想多掙點錢寄回家鄉：「僱傭公司沒有說明工作內容，第一次阿傳叫我幫他洗澡，好難過，好尷尬，我哭了，打電話回家和媽媽哭訴，但媽只跟我一起哭。」對於來自回教家庭的十九歲鄉村姑娘，千里迢迢來港「被要求」為男僱主洗澡，受驚程度，可以想像。

何不辭職？「辭職要賠七個月工資呀！」印傭來港前，在當地要接受所謂入職訓練課程，學費相等於在港賺取的七個月工資，說是「買位」更加貼切吧。

「人人都是借錢上課，辭職根本無力償還……後來父親跟我說，當作在醫院為病人工作……」父親的理性，叫Annie的情緒平服下來。

阿傳僅餘左手兩根手指的活動能力稍為正常，Annie天天在做的，確是護理。但幾年來，在二百平方呎的公屋裏，兩人一開始就像朋友，感情自然產生，只是不太肯定是感情抑或愛情，很迷糊。

直至阿傳入院接受腸道連接膀胱手術，過程複雜，完成後還要插胃喉抽取胃液，並不時注入嗎啡止痛，影響神志。阿傳覺得，這關過不了，快要死了，一連幾天，迷迷糊糊的，Annie擔心得哭起來，天天回家只睡幾個小時便跑往醫院照顧阿傳。

阿傳感動得和Annie說：「這關過到的話，娶妳做老婆……」他邊說邊哭，傳母也在場，卻不感到喜悅，因為阿傳的情況壞透了，出現幻覺，像瘋似癲的，甚至與醫護人員爭執，認為未被妥善照顧。然而，病苦過後，二人都從迷糊的浪漫中清醒過來。

阿傳意識到自己無能力照顧Annie，覺得發展愛情會害了她；Annie意識到家人極力反對她繼續留在香港，要求合約終止後，馬上返回家鄉。是感情抑或愛情？阿傳說：「也許初期是愛情，後期是感情……其實，都不太清晰，有時擔心她太辛苦，這叫愛情嗎？我不知道。」

肯定的是，阿傳對Annie有歉意，覺得作為僱主，寵壞了她：「她在香港使慣食慣，說要買電腦，回到印尼要上網……將來她再做家務助理的話，僱主很難像我一樣，由她拖慢手腳，任她頂撞，愛吃什麼買什麼，幾時想打機，幾時想躺在牀上都由她。」阿傳開始關心她的財政，她的前途，怕她無法適應新僱主，勸她學會做家務助理的基本工作，勸她節儉……關心之情，溢於言表。

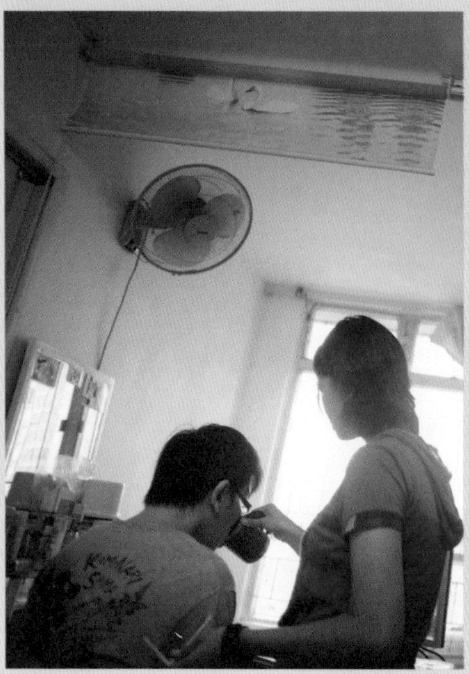

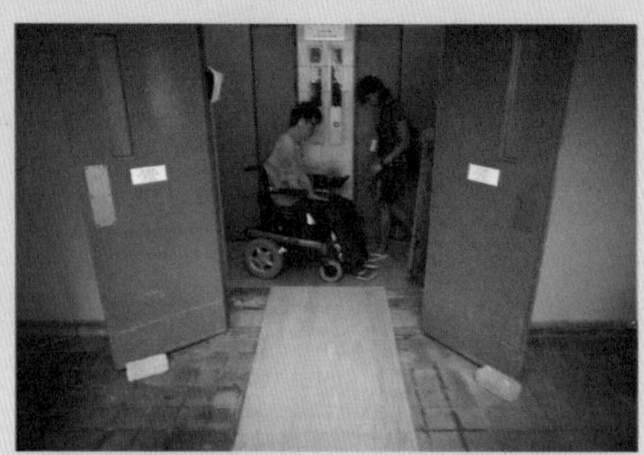

Annie在香港學會上網、打機、打理關於阿傳的一切，阿傳與誰見面，談些什麼，只要Annie在場，聽得一清二楚，她不但廣東話學得流利，連簡單中文也能看懂：「我從電視劇的字幕學會的！」與Annie等電梯，她把貼在牆上的大廈通告唸出來。

如今阿傳說對婚姻感到恐懼：「不只對Annie，是與任何人都不可能結婚。我可以說笑、拍拖、逛街，但接受不到結婚，覺得沒可能帶給伴侶幸福。」如果Annie回到印尼後找到「幸福」，阿傳說替她高興：「我希望她平平安安，不要像從前般辛苦，要捱餓，連生病也沒有錢看醫生。」

那Annie怎麼想？

「可否先回印尼兩年，回來你再聘用我！」

首次見面，我跟阿傳一起去上攝影班。從他家門出發，四肢健全的人，十五分鐘便到達；但我陪伴阿傳一起走，不能乘電梯，不能推開防煙門，更不能上樓梯，原來要花三十五分鐘，加上颱風前的悶熱和馬路廢氣，汗流浹背。阿傳嫌行人路凹凸不平，路肩多，馬路多，他習慣駕着電輪椅沿着馬路邊行駛，像一部不守規則的私家車，當車子逼近時，實在有點驚險。

阿傳不愛印傭 Annie 事事緊隨，想靠自己，但一到班房，隨即撥電「求救」——「急尿呀，好急，妳快點來！」一如大部份四肢癱瘓者，大小二便，事事靠人，即使阿傳的情況能夠移動身體，甚至有限度地站起來走幾步，但憑他左手僅餘幾根手指的活動能力，並不足以自行如廁。

Annie 從家門出發，再快，阿傳也要忍十五分鐘，我問能否幫忙，阿傳閃過一陣猶豫說：「不用了，你不懂如何處理的。」

其實我明白協助阿傳小便，絕不是掏出陰莖再收好這麼簡單。

四肢癱瘓後，他原本要從龜頭插進筷子般粗的排尿管，對男人來說，想起都痛，但更痛是每隔兩周更換一次！軟組織定期受壓及磨擦，表皮起痂，令尿道收窄，再用同樣粗度的尿管插進去，只會愈插愈痛，加上分泌物不易清理，導致發炎、發燒。膀胱產生壓力時，把尿喉迫緊，愈急愈緊，卻放不出尿，苦不堪言。於是把心一橫，另開造口，切一段小腸接通膀胱，阿傳從此撒尿不脫褲。

第二次在家見面，我們一談又是幾個小時，Annie外出購物，阿傳又撥電急召：「妳在哪裏，我急尿呀，快點回來……」但看來，Annie 還要點時間才能回到家。

這次，我誠懇地提出協助，戴上手套，在阿傳指導下，撕開即棄尿喉包裝，在膠管上塗抹潤滑劑，然後……掀起阿傳上衣，在距離肚臍旁邊兩吋的人工造口，把尿喉塞進去。

我不熟程序，太輕手，軟軟的喉管塞不進去；太猛力，又怕插傷腸壁，顫顫抖抖的，累他忍多兩分鐘才能插至合適深度，原來比想像中深，足有十吋，只見阿傳肚皮吸氣放鬆，尿液嘩啦流出，幾乎有一公升！

然後，我把喉管拉出，以消毒紙巾清潔造口，再用棉紗覆蓋，當刻深切體會，癱瘓者連撒一泡尿都身不由己，是如何痛苦。

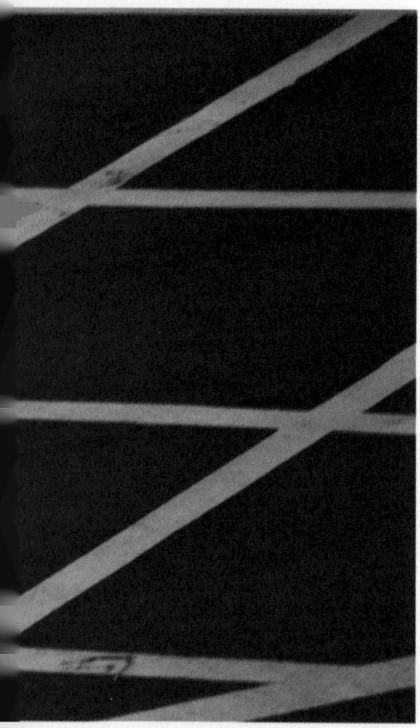

ROUTE 10　詹嘉德

我要工作

詹嘉德

living is directing forward

文 → 伍成邦

「我跳進水裏已不能動彈，眼睛望着池底，不能叫喊，但仍然清醒，想轉身，身體不能動，唯一可做是閉氣，我的上限是兩分鐘，但願有人看到我吧……」

聖類斯中學三年班，詹嘉德，十四歲，在維多利亞公園泳池出席校際游泳比賽第二次下水熱身，剛跳進池裏就發生這樣的事。他在水底，默默等候，一分鐘、兩分鐘、三分鐘……過了閉氣極限，然後失去知覺……

一九八七年十月十六日，天朗氣清的秋日，在毫無異樣情況下，身高一米七六的陽光少年，這一跳，恍惚讓生命一切都「插水直落」了。

再睜開眼睛，已被救上岸，面前一片忙亂，人工呼吸與問話同時進行：什麼名字？家裏電話？知自己在哪裏嗎？七嘴八舌的，他們不斷安慰，救護車正在路上趕來。

怎麼可能？熱愛游泳，每周三天練習，每次來回二十個塘，到底發生什麼事？詹嘉德被送往最近的急症室，照過X光，發現情況嚴重，鄧肇堅醫院表示他們應付不了，隨即轉入瑪麗醫院骨科病房。

天下間竟有這樣的巧合，瑪麗醫院骨科男病房，同一天內接收了四個弄傷頸椎個案。詹嘉德還記得其中一名是華籍英兵，在昂船洲下班時，乘吉普車往碼頭途中，被突然倒下的燈柱擊中，車子沒有「受傷」，脖子卻擋個正着。細節記得那麼清楚，是因為他後來在醫院裏與這名華籍英兵交了朋友。只是，華籍英兵住半年便可以轉往復康院，他一住就是十一個月，兼且半年內動了七次手術！

半年內七次手術

「醫生說，可能是入水姿勢，頭部垂得太低，插水一刻，頸椎被水壓傷，第五節碎了，還有兩節頸椎移位。」跳水當然垂低頭，什麼才叫「垂得太低」？沒有撞到池底，純粹水壓就這麼猛烈嗎？「是入水角度問題吧，人體重量加上撐腳插水時會增加水壓……醫生替我檢查過，頭部沒有傷痕，身上沒有表傷，都是評估得出的結論。」

那為何半年做了七次手術？

「當晚到了瑪麗醫院，先做了Halo Ring手術，那是一個顱骨牽引鉗，用四口螺絲鑽進頭骨裏，撐着一個圓環，在體外固定頸椎，作用是拉直頸部，固定頸骨，還要加上砝碼，加強穩定效果。然後，在咽喉位置開刀，拿走頸椎碎骨，空出來的虛位，從盆骨位置，切出一塊骨來填充。」

手術不就完了嗎，何來七次？

「因為有五次植入骨骼後，出現移位；為什麼會移位，至今仍覺匪夷所思！」手術是著名骨科醫生方津生做的。

頸椎的穩定性，因人而異，而一九八零年代仍未流行「內固定」技術，即手術中加入其他物料固定頸椎；但詹嘉德心裏另有想法，「經歷幾次手術後，我發現睡床接近派飯員經常進出的位置，員工派飯時，偶會撞到連接Halo Ring的砝碼，會否因而令植入骨骼移位呢？當然，這是推斷，事隔多年，也沒有證據，但最後一次手術後，院方把床位調轉，砝碼不再靠近派飯位，這次手術卻成功固定了移入頸椎的填充骨。」五次切出盆骨移植頸骨，剖開咽喉的同時，也要剖開股骨位置，手術變相「一開二」。

說時，詹嘉德仍能展露笑容，彷彿在訴說別人的事；此刻，發現他有一種「往前看」的情緒智商。「其實很難證實，只是調轉床頭，頸椎手術就再沒有移位了，很難跟人理論。都發生了，可以怎樣？只能接受改變不了的情況。」

做第七次手術因為食道受到細菌感染，由於植入骨骼太接近食道，壓出破洞，每逢進食就發燒，於是再次開刀，把小孔縫合。

頭部被長期固定大半年，身體不能轉動，褥瘡乘機滋長，傷口感染，大得見骨。「捱到出事後第九個月，醫生要在臀部割肉填補見骨的傷口，單這項手術便縫了八十八針。」

詹嘉德跳水意外，沒有表傷，住進醫院，卻被「切」得體無完膚。連串手術，都是牽一髮動全身，如果首次頸椎手術成功，Halo Ring便能早點拆除，病人早點轉身，便減少褥瘡生長機會，不但八十八針可以省掉，也未必要捱到咽喉感染，可早點離開瑪麗醫院，轉復康治療，但詹嘉德沒有這門精算的心思，他要面對的是，死不掉，重新再來的挑戰！

死不掉重新再來

由十四歲捱到十五歲，七次大手術，有何感覺？

「其實沒什麼特別，事情發生時，根本不知會發展成怎樣，但知道四肢癱瘓的事實時，很難接受。我愛運動，體能很好，突然折癱，接受不到。我試過用枕頭焗死自己，但太焗，終於把頭伸出來，死不了。」

十五歲孩子的自殺方式也很孩子氣，甚至看來像笑片，但絕望心情，想死的決心與年齡無關。枕頭自殺不遂，改為絕食：「原來絕食不行，醫院會插胃喉，注入營養液來吊命，我會瘦，但不會死，那時身高一米七六，體重只剩三十七公斤。」

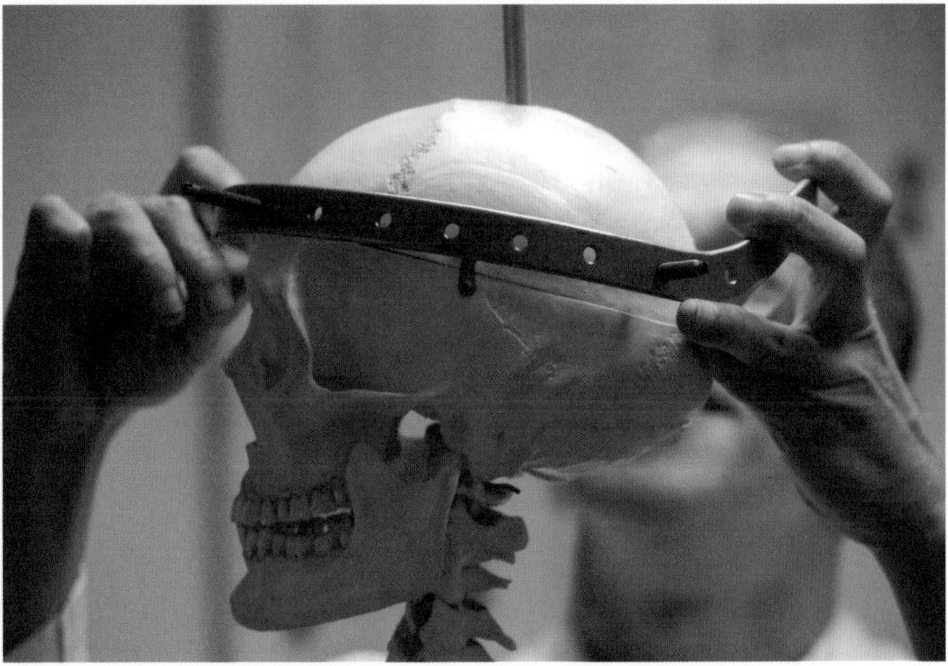

「當晚到了瑪麗醫院，先做了Halo Ring手術，
那是一個顱骨牽引鉗，用四口螺絲鑽進頭骨裏。」

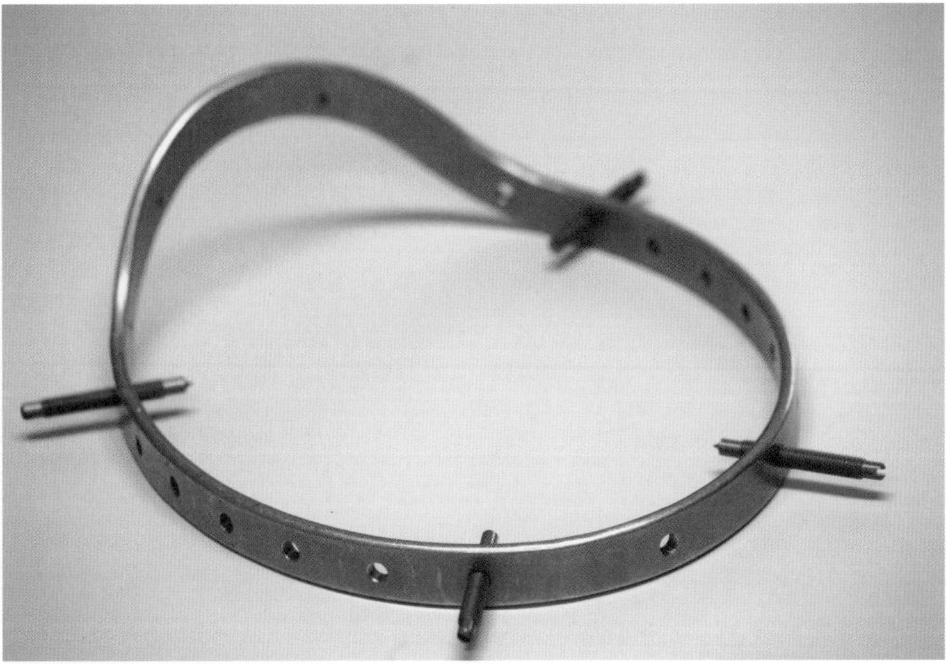

全身癱瘓怎麼知道體重？「是一名『大隻』男護士抱起我，站在量重器上，量度總重量，然後把我放回牀上，他再量自己體重，把總磅數減去他的體重後，就是我的重量。」可以想像，一名游泳健將瞬間變到皮包骨，手腳看來像枯枝，血管在表皮浮凸可見，有鏡子也沒有心情照。

「死不去，媽媽早晚陪着我。醫院護士說，返三更，三更的人都見到我媽，常說我媽很辛苦。」詹母朝早七點在病房出現，侍候到晚上十一點才離開。「瑪麗醫院床位擠迫，護士竟容許我在床尾放張固定枱面，擺了電視機和錄影機，然後給我搖控器，說當作給我做運動。」那年代，香港還沒有經歷SARS，醫院探病時間較寬鬆，運作比現在人性化，小小的體恤安排，詹嘉德到今天仍然掛在嘴邊，感覺溫暖。

「咽喉開了洞，插了喉，不能講話，只能做口型，但有兩名護士看得懂，晚上十一時後會陪我聊天，只是她們不停跟我講道理。說真的，道理所有人都懂得說，你又不是躺着那個。」

但道理加點關懷的化學作用就不一樣了。後期可以進食，護士們輪流買早餐給他，詹嘉德開始想，「我只有十幾歲，假設有六十歲命，還要活四十多年，難道要四十多年都不開心，那一定會很慘。」是向前看的情緒智商，叫他明白，「開心要過，不開心也要過，我可以

其中一位護士也轉到復康院工作，及後離港移民加拿大，
仍保持聯絡，返港探親，也找他一起外出，感情維繫廿多年。

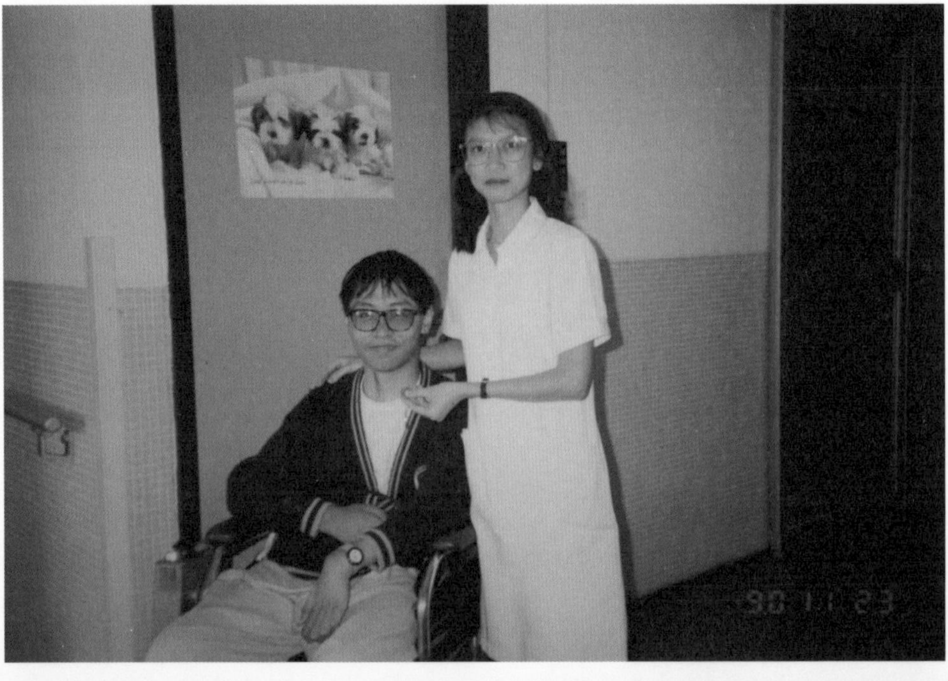

怎樣？唯一選擇是接受，而且要活得開心。」

重拾開朗笑容，很快與瑪麗醫院護士們熟稔起來，即使後來轉往麥理浩復康院，瑪麗的護士下班後也前去探望。湊巧，其中一位也轉到復康院工作，及後離港移民加拿大，仍保持聯絡，返港探親，也找他一起外出，感情維繫廿多年。很難想像，如今充滿壓力的醫療制度下，醫護人員與病人之間還可否建立這種充滿人情味的持久關係。當然，詹嘉德開朗自強的性格，也吸引醫護人員願意付出更多時間和關懷。

一九八九年初，詹嘉德離開復康院回家：「那年夏天，發生『天安門六四事件』，新聞都是負面消息，情緒出現問題，覺得不開心，人民好好的，為什麼要這樣呢？為什麼會有人死？當時，身邊的人也不開心，看新聞會哭，我不開心，但沒有眼淚了。沒多久，九月開學，住宿舍，很多人一起聊天，我又開心起來，且發現原來有人比我更慘！」

名校轉讀特殊學校 ←

停學兩年，復課不是返回母校聖類斯，而是被安排往香港紅十字會屬下的甘迺迪中心，一所由政府資助，專為六至二十歲身體弱能兒童提供復康及宿舍服務的特殊學校。

由名校學生兼游泳健將轉往專為弱能兒童而設的特殊學校，對一般家長來說實在是難以想像的沉重打擊，但他父母只寄望兒子能夠重返校園，不要呆在家裏浪費青春已經滿足。

「校長和我討論重返聖類斯中學的可行性，但我自小學一年班已在這間學校，很清楚中學部範圍有多大，有多少梯階，坐輪椅是不可能的；因此，麥理浩復康院職業治療師建議我入讀甘迺迪中心，教員對特殊教學富經驗，校內有宿舍，每周回家兩晚，不用浪費交通時間。」唯一問題是學校位處大口環，冬天特別冷，詹嘉德體質轉弱，要穿羊毛內衣加棉襖才能入睡。

入讀甘迺迪中心，不是智商有問題，而是因為一般學校硬件不能配合：「例如上課抄筆記、做試卷，會慢很多。正常學校，一年制課程是一年內完成；在甘迺迪可分拆兩年，慢慢吸收，目的不是盡快完成，而是讓學生做到那件事，不被時間局限。中五會考，甘迺迪中心的學生同樣面對全港考生競爭，所得證書一樣，唯一不同是考試前會接受活動能力評估，按不同傷殘程度，特許延長電腦回答試卷時間。」

說校內有人比他更慘，是因學生中有的是腦痙攣，走路走不穩，學習遲緩。「他們說話口震震，未必聽出他說什麼。有些看上去正常，但不斷流口水，嚴重程度各異，他們一出生就是這樣。」詹嘉德當時想：「我玩了

「我玩了十四年才出事，起碼見識過、有跑過；他們一出生就連跑步都未試過，不如分一半健康時間給他們玩，反正我遲早都這樣，分幾年給他們，讓他們也開心一下吧。」

十四年才出事，起碼見識過、有跑過；他們一出生就連跑步都未試過，不如分一半健康時間給他們玩，反正我遲早都這樣，分幾年給他們，讓他們也開心一下吧。」

當特殊學校老師聽到這充滿慈悲的「天真」想法後告訴他：其實你不用這樣想，未必所有人都能夠接受由正常到發生意外後的狀況，譬如抗拒坐輪椅。腦痙攣的同學，若一出生就這樣，便沒有試過一般人所謂很開心的情況，也許比玩過之後遇上意外而需要坐輪椅的人更加快樂呢。

詹嘉德聽罷若有所悟，也樂意在甘迺迪中心繼續他的獨立訓練：「在家裏，事事有母親代勞，原本兩三分鐘可以做完的事，在學校要做十幾分鐘，沒有人會等我。住宿舍，舍監和同學不會幫我太多，我要做很多之前沒試過做的事，其實是一種獨立訓練。」

意外後剛出院，右手只能提高至肩膊水平，左手更要低一些，身體不能平衡，要用安全帶繫着。經過復康訓練，強化左右手臂肌肉，靈活度增加，安全帶也可以拆除，但手肘至指尖沒有力，雙腳感覺盡失，不規律的神經反射，無意識地令身體抽搐、痙攣，偶爾還會踢腿，都是一般癱瘓者要面對的身體反應。

詹嘉德的正能量很強：「別人關心我，有很大的支持力量。我在麥理浩復康院得到很多支援。職業治療師幫我修改器具，讓我可以做到某些事，如打電腦等，一些小工具如打字棒（typing stick），戴着兩個手架，兩枝棒夾在中間，然後篤篤篤，每打一個鍵要很集中地望着，打得久，會頭暈；刷牙要把牙刷附加在手架上；但洗臉仍要靠人扭毛巾，沒辦法，其實我抹得不乾淨，但會要求自己每樣都做一點；我不能自己更衣，試過用些可以解衫鈕的工具，最後還是做不到。」後來詹嘉德打字已不再使用打字棒，斟水可以自己做，只要設備稍加改良即可。

突破局限讀IVE

在甘迺迪中心完成中五，父親希望詹嘉德不要呆在家裏，建議他到庇護工場，「我讀到中五，實在不想去學入信封，印象中，庇護工場很差的，甚至可能是智障的庇護工場，我不想這樣。」

詹嘉德決心突破局限，進入招收普通學生的香港工業學院（現名「香港專業教育學院」簡稱：IVE），在兩年制的文憑課程裏，學習編寫電腦程式，第一年在灣仔摩理臣山上課，第二年因為搬家到屯門，所以轉到了屯門分校。

「最大挑戰不是課程，而是與同學融合。」幸好學院裏的年輕人不但開朗，而且熱心：「不同課堂有不同課室，其中一科要到五樓上課，我說：不去了，你們去

「住宿舍，
舍監和同學不會幫我太多，
我要做很多之前沒試過做的事，
其實是一種獨立訓練。」

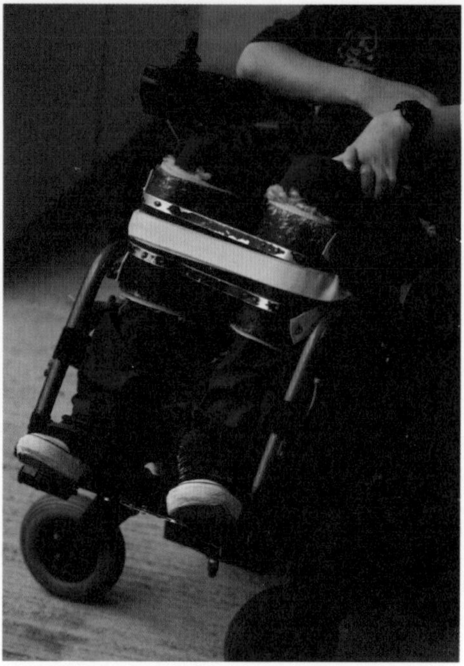

「同學說：不，不能偷懶，我們這麼多人，抬你上去！」

上課吧！同學說：不，不能偷懶，我們這麼多人，抬你上去！」一群青春無敵的男生，把精力用在助人為樂的事情上，輪椅連人計算重逾一百公斤，他們分成四人一組，邊抬邊開玩笑，累了便換人轉手，從地面逐層把詹嘉德抬到五樓。

「上課抬上去，下課抬下來，感覺不太好，很尷尬的。萬一失手，我再傷的程度可能和現在差不多，但同學們若果因我受傷就很大件事，我催促校方更換課室。」兩星期後，不知是受到感召抑或聽到要求，校方把課室轉到地面，不用同學抬上課了。就讀第二年，詹嘉德隨家人搬進屯門居住，也轉分校：「屯門分校有電梯，問題不大。讀完兩年後，我開始找工作。」

一份工作十二年

「一九九六年，科技大學導師與學生做了一項網際網絡服務的模擬經營計劃，並與復康會合辦網頁設計課程，我完成課程後要用英語做 Presentation，卻因而得到工作，項目需要人手做熱線支援，他們覺得我可以，便問復康會可否讓我去科大上班，但我拒絕了。」

難得就業機會，拒絕是因為沒有自信，「我未試過公開就業，覺得未夠能力獨立自理，很多時候仍要人幫助，我想在工作的地方，不應該要求其他同事幫忙，所以拒絕。」

該模擬計劃繼續找他，更說可以聘用其他傷殘人士。有了「夥伴」，而且是認識的，詹嘉德才安心上班，與常人一樣公開就業。

當年「模擬」出來的「公司」獲得空前成功，脫離校園計劃，先後賣盤轉手予新加坡及美國私人公司，成為真正私營企業，詹嘉德也一幹十二年，由普通技術支援員，逐步升職至資深技術支援員、副主任，直至離職一天，他已是中心主任，工作範圍是答覆涉及電腦程式使用的電話查詢及管理其他同事。

「早期上班時，家住西環，要往西貢科技大學上班並不便宜，經紅隧的巴士沒有傷殘津貼，交通費貴，只好預訂復康巴士，每月車資差不多四千元。但仍然比的士便宜，更何況，的士載不了電動輪椅，更不會協助癱瘓乘客上落。」

入職工資八千餘元，但一半用作交通費，連同事都笑他笨，但他只求正常就業，投入社會，爭取機會擴闊社交圈子：「我沒虧本上班就行啦！旁人不易明白的。」離職時，月入接近二萬元，算是不錯的收入吧？「對傷殘人士來說，是一個很好的收入，一位資深物理治療師更說，他認識的四肢癱瘓者，只有我不是在政府部門或社福機構公開就業。」但與此同時，他要面對身體病痛。

沒有工作，可以小心照顧身體；有了正常工作，便得長

時間坐在輪椅上，褥瘡有機可乘。在企業上班很難經常告假，只好每天回家自行洗傷口，但褥瘡愈長愈厲害，侵蝕肌肉：「傷口大到可以塞入兩隻麻雀，終於要入院治理。」褥瘡比一般傷口複雜，復元需時，即使住院，標準護理也是洗傷口，倘情況不太嚴重，一段時間後便可以康復。

當時詹嘉德已任職中心主任，責任大，卻迫不得已告假入院，且一住四個月，最擔心是傷口醫好卻失掉工作。為了盡快出院，決定購買醫管局資助範圍以外的手術物料。

負責治理詹嘉德的骨科專科郭厚仁醫生憶述，「他當時的肌肉長期受壓，血液供應受阻，肌肉組織不健康，為了加快復元，採用負壓輔助治療（V.A.C. Therapy），即在傷口填入海綿狀敷料，透過真空負壓，吸除傷口附近感染物，刺激血液循環，加速細胞生長，效果比一般洗傷口好。但租用專利器材及敷料價格並非所有病人都願意承擔。」

由於傷口實在大，後來更要注射高濃度血小板（Platelet Plasma）。先從身體抽取血液，經過分離技術，篩出高濃度血小板，注射在傷口上，誘導細胞加速癒合。當然，都屬額外開支。經過數月治療，傷口縮細，最後還要趕縫幾針，以便快快出院。詹嘉德明白工作難找：「我怕公司幾個月沒有我也一切如常，

出院便會失業。」留醫期間，他仍透過互聯網和電話安排工作，出院後也如常上班，沒有被乘機「炒魷」。

十多年來，經歷公司起伏與人事變遷，一直沒有轉職，也是因為明白殘疾人士求職難，「對傷殘人士來說，寧可新同事適應自己，好過自己重新適應新同事；你來時，我已經在此工作，比公司裏『突然』來了一位傷殘人士更容易接受。」但最終技術支援中心為了減省成本，遷往馬來西亞，員工集體遣散。

聘殘疾言行不一

詹嘉德頓失主要收入，卻從沒放棄尋找工作。「雖然政府表示會幫助殘疾人士就業，但講一套做一套。」說起求職經驗，深感不忿。

公務員事務局局長俞宗怡回答議員提問時答覆：「政府一向致力提高殘疾人士的就業機會，及確保他們有平等機會在公開就業市場擔任具生產力和有報酬的工作。政府作為僱主，一向通過讓殘疾人士在申請政府職位時可與其他健全應徵者在同等基礎上競爭，促進他們的就業機會。符合政府職位基本入職資格的殘疾應徵者，無須再經篩選，便會直接獲邀參加遴選面試。雖然某一應徵者因殘疾關係，未必勝任同一職級每個職位的全部職務，但如遴選委員會認為該應徵者是擔任某一職位的合適人選，通常會建議加以聘用。」（摘自二零一一年

一月五日立法會會議文件）

但詹嘉德求取一份僅要求中五畢業的政府職位時，感覺並非如此。憑着十二年電話技術支援的前線與管理經驗，應徵「政府熱線：一八二三」，三次面試，三次踫灰，由最初投考「熱線經理」一職下調至「熱線主任」，甚至最後，只求一份最低職級的「熱線接聽員」都不成功。「面試主管幾乎是同一批人，當然，我最終無法知道是否全部聘請了大學生，但我覺得政府所謂凡同等學歷、同等經驗，殘疾人士將獲優先聘用，根本不存在。」

詹嘉德如今當兼職推銷，知道誰人需要輪椅，便轉介貿易公司，生意成功，會有酬金，酬金是象徵式的茶錢，幾個月才一兩單，難得他仍然為可以在家工作而感到高興；為減少家人經濟負擔，偶爾從淘寶網買些東西再到雅虎轉售，既可以當興趣、考眼光，也可掙點生活開支，但他的工作能力，不止於此。

詹嘉德並不抗拒綜援，只是覺得，做人首要自食其力，試過不行，領取綜援也無可厚非，但未嘗試便放棄，或要別人「奉旨」幫忙，他很反感。「以前有工作時，樣樣靠自己，買輪椅，十幾萬元一部，自己支付，要逐點積蓄才買得起……當時工資比妹妹高，申報供養父母免稅額後，仍要交稅，只是交少一些。其實我早就知道可以不工作，等政府養，但我不想，我未到沒能力工作的地步，只是現實環境，求職不易。」

如今積蓄用光，找不到工作，生活重擔落在胞妹身上，二零一一年起，詹嘉德也開始申領綜援及傷殘津貼，但仍寄望重返職場，不斷尋找每個可以掙錢的機會，明知前路更具挑戰，難度更高，卻不言放棄。

慘綠少年，在泳池邊插水一跳，失去活動能力，但生命沒有從此「插水直落」。相反，接受連番手術，透過復康訓練與個人努力，完成學業，投身社會，公開就業，事實證明，他能夠應付前線工作甚至管理職位。即使面對失業，依然力爭上游，奮力尋找機會。詹嘉德沒有失去運動員的拼勁，永遠向前。從前當泳隊代表如是，今天坐在輪椅上也如是，對他來說，活着就是向前。

詹嘉德父親原本經營出口公司，經歷一九九七年金融風暴，撐了幾年撐不下去，破產了，然後把私人物業賣掉，家人租屋住。但帶着要坐輪椅的兒子，始終局限選擇，何況沒有打算長租，又不能大幅改裝別人房子。租屋，只是申請公屋期間的緩衝。

經復康會協助下，詹嘉德在父母租屋期間，暫住護養院，那是一家為嚴重傷殘人士提供護理服務的地方，環境盡量營造得像一個「家」，鼓勵病人自行管理生活和活動。「他們通常上午九時便開始逐一幫助院友洗澡，我白天要上班，院方遷就我，朝早幫我下床，晚上回來才洗澡。」

先後住過幾家不同性質的護養院，詹嘉德看到有部份殘疾人士的生活態度後有所感慨：「幸好我出意外後，有上學，有進修，更投入社會工作；有些院友，甫出事就住進護養院，變得很自我中心，覺得有病『大晒』，認為社會虧欠他，護理員工作是來『服侍』的，不時對護理員和護士呼喝命令。在我而言，他們工作是在協助我，不是欠我的。人人工作也有情緒，有些事情不用太執着，無必要爭吵。所以護士們說我很特別，特別善待我。」

一直都有癱瘓病人寧願長期住醫院，他們怕出院，怕社會目光，怕生活不能再如醫院般，事事有專業支援，怕出院後，事事要靠人。「我很早面對癱瘓，幸好決定讀書，令我找到工作，甚至可以養家。若執着一定要長期住院，求方便得到專業護理，當然，醫院也不會對我怎樣，最多視我為長期病患者去照顧，但我永遠不能投入社會。」

以二零一一年計算，醫管局每天每張床位及基本護理成本，高達港幣三千餘元，倘若留院一年，保守估計，成本要一百二十萬元，而過去有癱瘓者，留院時間以十年或以上計，醫療重擔，可以想像。

若癱瘓者情況穩定，願意出院的話，即使經濟有困難，可以申請綜援、住屋津貼、生活助理津貼及護理用品津貼，更重要是，出院能夠重新投入社會，過着質素較佳的社交生活，甚至可以貢獻社會，出院比留在醫院更有價值。而根據專科醫生經驗：能夠衝破心理障礙而離開醫院的癱瘓者，十居其九都不願再返回醫院長期住宿。

與詹嘉德談話，印象最深是他向前看的樂觀態度與運動員般的毅力拼勁，在輪椅上生活，仍有體育精神，即使憶述舊日意外與病苦，仍能流露笑容，問他為何笑得出，答案簡單而富哲理：「難道一世愁眉苦臉？有些事情接受了，便明白將會經歷哪些不便，明白哪些事不能做，不去執着；別人可以幫我，但不一定能夠幫我解決每一件事。有這樣的想法，便可以接受很多事情。」

內心抗拒不能逆轉的事實，是情緒苦受之源，但知易行難，正如詹嘉德說，「你又不是躺在床上那個！」但知道總比不知好，接受現實，接受自己，是跳出受苦的關鍵，而當中需要有像運動員般奮勇向前的拼勁。詹嘉德更有公平競賽精神，即使不再入水能游、出水能跳，雖然身體殘障，也要求盡量靠自己。

詹嘉德與家人共住，但行事獨立，目前沒有申請家務助理，父母為了照顧他，已經導致筋骨勞損：「也許過幾年，父母真的不能再照顧我時才考慮吧，始終，家裏多住一個助理，經濟和空間都是要考慮的問題。」在認識的幾位癱瘓者中，他是唯一拒絕家訪的，能夠自行處理的事，不想別人幫忙，更不想把家人扯進訪問裏。他希望憑過去公開就業經驗再度找到工作，那怕工資低於市價，也想透過工作與外界保持聯繫，減輕家人的經濟負擔。

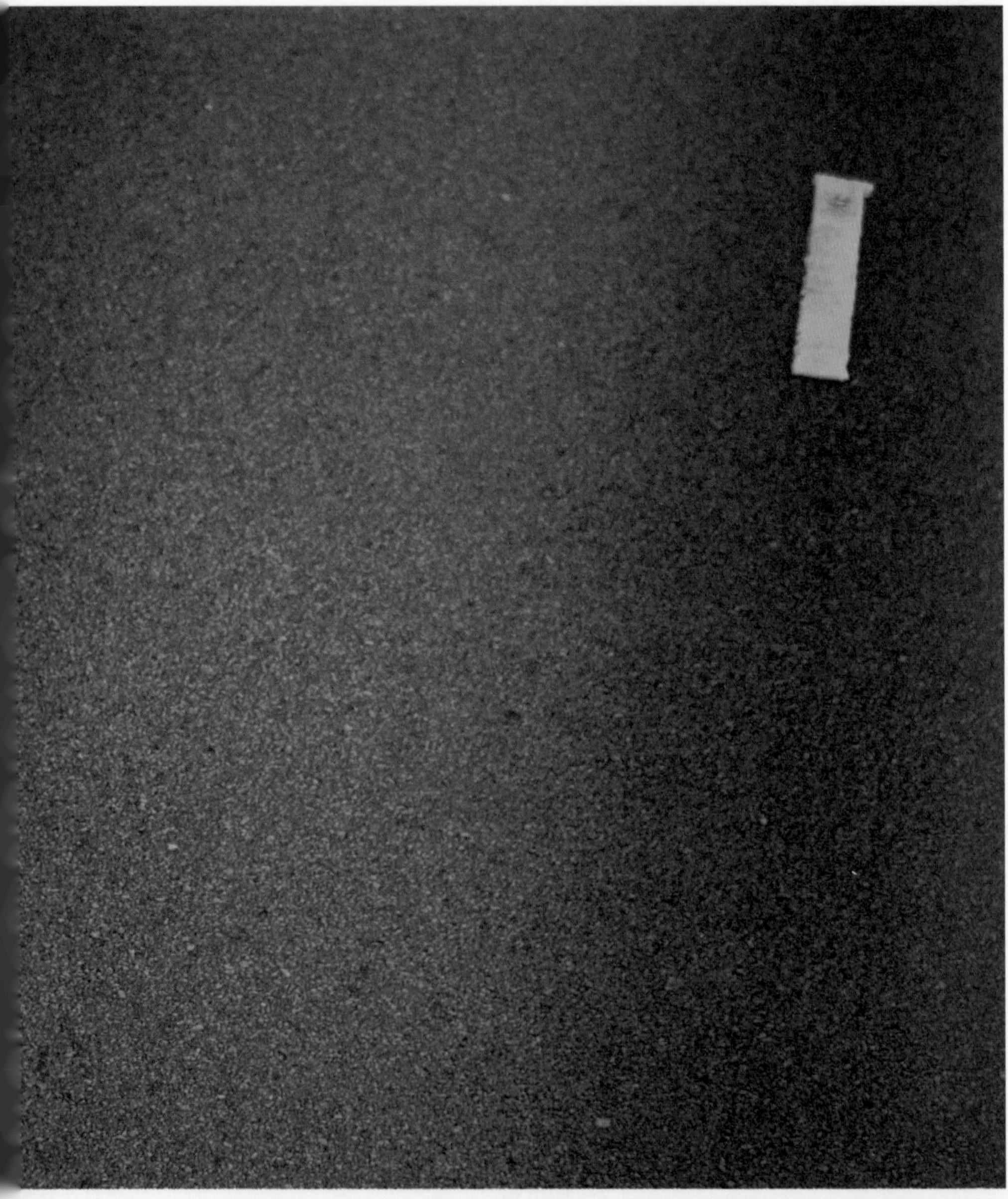

ROUTE 11 羅偉祥

登陸月球

羅偉祥

moon landing

文 → 蘇美智

一九八四年七月某日，羅偉祥登陸月球。

那個月球叫梅窩。

廿五歲的祥仔寄出了四十幾封石沉大海的求職信，然後日復一日，呆坐家中。媽媽是清潔女工，每日上班前都細心地煮好飯餸，祥仔會用連翻書也嫌不夠力的手，自行進食。每日有九個鐘，四肢傷殘的他會獨留在石硤尾南山邨家裏。這一切一如既往，不同的是，這一日特別悶熱，他感到尤其苦惱。「從前住大坑東七層大廈倒可以跟老鼠作伴；在南山邨時，連想說句話兒也苦無對象。」他告訴我們。

← 人總要有上月球的勇氣

門外有鄰居經過，祥仔抓緊機會呼喚，請求他替自己打開鐵閘——還好沒上鎖。鄰居推他到樓下透透氣，這對祥仔來說，是十分例外的優待。過去在香港紅十字會甘迺迪中心上學時，他的生活軌跡一直像月球圍繞地球公轉那樣，只來回於深水埗和大口環之間，從不偏差。畢業後出門的機會更少了，連到樓下走走也不容易。但不知哪來的勇氣，他突然冒出一個大膽念頭：今日要到梅窩看沙灘！

沙灘是什麼？祥仔在電視看過，那是人們游水和玩沙的地方。為什麼要到梅窩沙灘？他從甘迺迪中心的同學

輪船摩打拍打出白色泡沫，從洶湧澎湃到消失殆盡，
再來新的洶湧澎湃和新的消失殆盡，無休止。祥仔面向來時路，聯想到生命的迴轉。

口中，聞説那是一個好地方——「我告訴自己，總有一天要去那兒！」不能達成的願望特別容易招惹熾熱嚮往。數年間，「到梅窩看沙灘」這個念頭，漸漸在祥仔的心中鍍了金，甚至帶點朝聖的味兒。

祥仔等了一部又一部的士，司機都拒載——他們看到的，是一個坐在手推輪椅上的、四肢傷殘的年輕人，身旁卻分明沒有推輪椅的同伴。最後，祥仔還是等到一個願意花點時間跟他談的司機。

「司機問我：這樣真箇沒問題嗎？到達後我只能把你丢在行人路上不管，行嗎？」他又告訴祥仔，過海隧道好貴，動輒要四五十元。這一層祥仔倒沒想過，不過他的口袋裏有百多元，是儲來的零用錢，一直沒機會派上用場。於是，祥仔來到當時的中環港外線碼頭。他請求路人把他推進碼頭，又請求水手把他推到船上，輪椅最後安置在船尾。

輪船往梅窩出發了。港島區火柴盒似的大廈愈退愈遠，迎面撲來的海風帶點鹹味，輪船摩打拍打出白色泡沫，從洶湧澎湃到消失殆盡，再來新的洶湧澎湃和新的消失殆盡，無休止。祥仔面向來時路，聯想到生命的迴轉。

「其實那時很忐忑，好驚，不知一個人去了，還能回家否？會不會死在途上？現在有電動輪椅又有電話，當然不怕，隨時打九九九。但當時什麼都掌握不到，像有點放棄生命的感覺，（感覺）就是那樣的大。我不知那些路人會不會幫我，又或者乾脆推我落海。同時，我又十心好奇，一定要看這個世界、看梅窩。」

我問：「如果當時有人告訴你，你會在這一趟冒險旅程中死去，你會繼續嗎？」「我會。」祥仔説：「現在回想，我覺得那是童真。一鼓作氣。」

廿六年後的一日，祥仔和他近年聘用的家務助理Yanti，帶我回到梅窩的沙灘上。我們邊走邊看，從碼頭到沙灘大概走了十五分鐘，但當年的祥仔像走了一個世紀那麼久。他沿路截停了十多個路人，有些好熱情替他推輪椅，有些以為他「詐詐諦諦」博同情一口拒絕，大部份有很強的防禦心。也有人説趕時間，推幾步便把他丢到路中央，於是旅程不得不暫停，直到下一位好心人出現才得以繼續。那時的梅窩好熱鬧，「接力賽」的賽道上有很多小販，祥仔記得雞髀的肉香，還有一條破落的小橋。他在人們的手中傳呀傳，最後傳到沙灘前一棵大樹下，眼前就是大海。

這場不可能的任務，意義不亞於太空人登陸月球。

像歷史上很多重大事件那樣，當時我們的故事主人翁不曾計劃接下來該做什麼。他只知道自己終於看到沙灘了，還一看幾個鐘。但這一趟旅程的意義，遠遠超乎他的想像。

「我在樹下想了很多。原來你不去試，這個世界沒有別人可以幫你。放棄好易，根本用不着藉口，但要追尋理想和慾望，就要付出代價。很多事情做決定的都是自己。」即使是四肢癱瘓的人，即使他們要付出常人無法想像的代價。

祥仔說，梅窩是一個啟示，告訴他世事並不一定如想像中難。「一世人留在家中等人照顧」和「放手一搏」這個選項之間，他似乎暗暗下了決定。「原來，人真的要有一點上月球的精神才成。」今日的祥仔說。

過了幾個鐘頭的既驚又喜後，祥仔想，既然死不去，便該回家了。回程路上，他遭到更多人拒絕推輪椅，大概因為，一日的工作把人們的耐性都磨滅了。「無計囉。」祥仔笑說，神情好輕鬆。畢竟他已經成功登月，再不用跟人們計較什麼。可是就是因為這個緣故，祥仔差不多待晚上八時才回到家中，比甫下班便趕回來的媽媽遲半個鐘。「原本想在她返家前回去的。」

媽媽擔心得要死。「她沒嬲，不是罵我，只是擔心。我想過騙她說自己只到了樓下，但我不喜歡講大話，而且她一定已經落樓找過我了。她追問我是怎樣去梅窩的，我一五一十告訴她。她說：如果你在街上跌下來、死了，就慘咯。她說要是你想去，我找一日和你去。」媽媽很疼祥仔，但祥仔總覺得，她無法完全了解自己的心情。

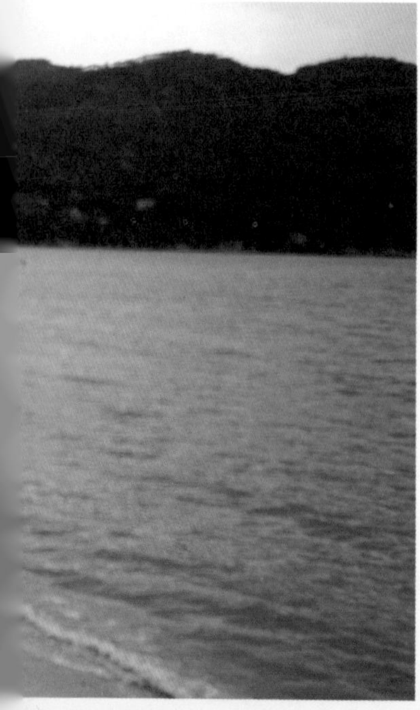

「這個世界沒有別人可以幫你。放棄好易，
根本用不着藉口，但要追尋理想和慾望，就要付出代價。
很多事情做決定的都是自己。」

「原來，
人真的要有一點
上月球的精神才成。」

那一晚躺到床上，祥仔還在笑，回味着自己到梅窩的情景——他，獨自一人，到了一個，完全陌生的地方。那以後，梅窩成為祥仔心底深處的符號，那一種猶如登陸月球的勇氣，在他日後面對人生抉擇時，常常用得着。

故事說到這裏，我忍不住再打岔：如果你只是想看沙灘，為什麼非要老遠跑到梅窩不可？這趟祥仔有點靦腆地告訴我：「其實那時我不知道香港還有其他沙灘。我是隻井底蛙，跟未出過街的人差不多。如果我知道還有深水灣、淺水灣，便不會坐船去那麼麻煩。」

他笑得好率真：「你話我幾傻。」

她從沒一句怨言 ←

在祥仔家中看照片，看到祥仔的媽媽。媽媽笑得很含蓄，我想像她面對鏡頭時彷彿也帶點靦腆。

媽媽在二零零八年過身。幾年過去了，我問祥仔，習慣嗎？祥仔靜默一會，說：「頭一年不慣。最不慣她不再每天早上十時許打電話來。」電話裏是尋常的噓寒問暖，往往談不到什麼，但是只要做得到，祥仔都會為它預留時間。

出生時在媽媽的肚皮下缺氧一分鐘，換來祥仔一雙不能動的腳，和一對不靈光的手。這成為媽媽背上的十字

架。祥仔的孩提時代都躺在地板上度過，在家太悶，他有時會奮力蠕動到鄰居鐵閘前偷看電視，換來很多刺耳閒話和一身傷痕（畢竟他太容易成為頑童的目標了）。「那個年代好奇怪，出了這樣的孩子，人家都覺得是家裏人做錯事的緣故。他們不曉得什麼叫殘疾人士。」

「媽媽間中慨歎：生你出來害了你呀。我聽了很不開心，她把責任攬在自己身上，但那是天意！我明，她不明。」媽媽很傳統，心中只有兒女沒有自己。「她從來不怨一句。」祥仔說。

媽媽實在有太多可以抱怨的理由，譬如說，接送祥仔上學。十二歲的祥仔，好不容易能到特殊學校寄讀，從此每個周一早上，母子倆都會由深水埗出發，坐巴士轉小輪到中環德輔道中等校巴；到了周五，媽媽又會在中環出現，接兒子坐船坐車回家去。有書讀真好——問題是：他們沒輪椅。

試想像，碼頭人來人往，一個把身子屈曲成「7」字的中年女人，低着頭馱着比自己還要高大的兒子，一鼓作氣往前走。跳板顛簸不平，她偶爾絆倒，沉甸甸的被壓在地上。路人扶起，媽媽這邊廂呢喃着沒事，那邊廂又揹起兒子上路去。祥仔猶記得伏在媽媽背上的自己，又氣又心痛：「為什麼偏我上學這麼難？為什麼這麼難媽媽也堅持送我上學？我好不明白。」這個情景每周重演，年復一年，直到祥仔十九歲畢業前的幾個月，家裏

終於添了一部手推輪椅。

媽媽這種堅持似乎在兒子的血液裏傳承着。

一九八七年，快二十五歲的祥仔終於得到一個面試機會，但工場遠在荃灣，從南山邨出發要花幾十元坐的士（當年公共運輸系統的邏輯裏，並沒有「無障礙」這三個字）。況且，工種是包裝，偏生祥仔雙手發育不全。媽媽知道後劈頭一句：「面試來幹啥？都做不到！」她已經準備，花一輩子來保護這個只能終日呆在家中，等她推來推去的兒子。但見兒子求職心切，她還是投降了，默默地熨平衣櫃裏最體面的那套衣服。

果然，經理甫看到祥仔的手，便打發他走。「但我不忿氣，不想在家白過一輩子，跟他說：讓我試三個月吧！阿媽想掉頭走，對我說：別這樣，不做便不做！」主導權從來都在自己手上——這是祥仔在梅窩悟出來的道理。經理最後叮囑他預約政府的復康巴士服務，好省儉日後上下班的車資。

三個月過去了，媽媽問祥仔「炒魷魚」了沒有？祥仔答：「經理叫我繼續做。」原來工場經理發現祥仔雖然手腳不靈，但最靈的是腦袋。媽媽聽罷沒說什麼。又過了三個月，兒子依然每天一大早，獨個兒乘復康巴上班去。然後有一晚，餐桌上出現一個圓形的蛋糕。那是祥仔的生日蛋糕。

「講吓笑就得，真的想不到她會買蛋糕。」過了這麼多年，祥仔說起，嘴角還帶笑：「年年生日都有紅雞蛋，我們是不興吃蛋糕的。我問阿媽，今年為何有蛋糕？她說順路。她心裏頭肯定好高興我做到這份工，不過沒講出口。」生日蛋糕上面只有忌廉，沒鮮果、沒朱古力、沒寫字，但好甜。

上班是祥仔給媽媽的第一個大驚喜。在媽媽的餘生裏，他給她帶來的驚喜，陸續有來——祥仔加人工了、祥仔進入寫字樓、祥仔坐上工場的第二把交椅、祥仔教電腦、祥仔成為傑出殘疾人士……媽媽甚至見證兒子受勳的一刻，表揚他對社會的貢獻。「那是二零零六年，她已經開始發病，但堅持要來。她不太明白那是什麼獎，只知道見到特首威些。」

祥仔上電視了，親朋好友都看見。「我常告訴她不要到處跟別人說，畢竟獲獎不是我的目的。但我看得出她很自豪。過身後，為她收拾遺物時，才知道她把我得獎的照片全放枕邊。」

當年看着癱瘓兒子好艱難地爬到人家閘前看電視、聽了很多無知的難聽說話、由始至終不怨一句打算養兒子到底的，祥仔的媽媽，大概在最異想天開的夢境裏都不曾這樣幻想——有一日，同一個兒子，會帶她走進禮賓府。

「她跟我一樣，沒想過我會走出這樣的路。」祥仔說。

祥仔的媽媽，大概在最異想天開的夢境裏都不曾這樣幻想——有一日，同一個兒子，會帶她走進禮賓府。

二零一一年六月，即是我們訪問前一個月，祥仔獲紅十字會頒發人道年獎。第一次，祥仔站上領獎台時，觀眾席上沒有媽媽的蹤影。「那一日，有些感觸。原來她一直影響我，一定是她影響我。其實我這樣勤力，有一部份是因為不想她擔心。我不敢講報答，但我覺得有少少是，我不想辜負她。」

「真是好難過……不知怎樣形容給你知道。如果沒媽咪，可能連我都沒有了。」

1A上的保險經紀 ←

如果你以為，祥仔到工場上班後，前面便是直通禮賓府的康莊大道——對不起，這是一場美麗的誤會。

當年的工場叫「志勵」，在荃灣石圍角村，運作模式有點像現在的社會企業，目的是讓傷殘人士自力更生。它有過輝煌時，訂單多得工友們不得不通宵趕貨。祥仔更憑着工場發的工資，買下生平第一部電動輪椅，興奮得猶如重獲一對腳。但工業轉型令來貨大減，工場面臨過幾次倒閉危機，終於在一九九四年農曆新年前的十數天，遣散所有員工。那時祥仔已經坐上第二把交椅，

深得經理器重，也成為工友的溝通橋樑。「工友們找我牽頭，想辦法重開工場。我有些猶豫，但確實不捨工場，於是當仁不讓。」

社會福利署的條件是：重開可以，但必須改變模式，成為庇護工場。「我們不想，這關乎工友的身份問題。從前我們是員工，有僱傭關係和勞工保障。轉型後我們頓成服務對象。」當年，在剛選上立法局議員的李卓人襄助下，他們成就了一趟可能是香港史上最多輪椅參與的請願行動，翌日登上新聞紙。

但政府意決，志勵在一九九五年換上新名字：仁濟醫院盧李佩貞紀念工場。祥仔得到前工場經理的大力推薦，成為唯一一個以僱員身份上新工的志勵工友。「經理想我留下來幫工友。」他的新崗位是電腦導師，學生裏有智障人士、精神病康復者和肢體傷殘人士，各有障礙，挑戰性很大。祥仔說，他花了很長時間摸索教學竅門。一些昔日學生至今仍然年年給「羅SIR」寄聖誕咭。「你用心教，他們感覺得到。」他又多留幾年，但最後還是辭工去。

「我始終不認同用庇護工場來幫助殘疾人士。」祥仔感激當日志勵給他的機會，但他不認為「服務對象」這重身份，能為殘疾人士帶來同樣的價值。「況且在工場十一年，日復日對着那四道牆，我想走出社會看看。」他計過數，知道辭工後那筆公積金夠用幾年，計劃先學

點新知識再闖職場。朋友笑罵他跟錢作對，他不介意。只是家裏急需應急錢，打亂他的如意算盤。

於是，在一九九七年七月一日香港主權回歸的一天，特區升起紫荊花旗時，祥仔當上一名保險經紀。

我說，我無法把眼前率直坦白的祥仔，跟保險經紀口若懸河的傳統形象對應起來。「穿上『老西』，我看起來都幾似保險經紀。」祥仔答，笑容裏同時帶一點自豪和自嘲。

這是人家輾轉介紹的工作。「我一點把握都沒有，本來打算推掉。」跟工場環境大不同，經紀是要跑街的，莫說公共交通給輪椅人士帶來諸多不便，即使上個廁所也難於登天。但朋友的一句話激起他的鬥志——還是意氣？「他在另一間公司做經紀，批定我挨不到一個月。」祥仔說：「於是我一口應承做保險，之後才開始惆悵，那些實際問題怎解決？」

商業社會是全新體驗，祥仔像「劉姥姥入大觀園」，單是廣東道港威大廈那個「很威很靚」的辦公室，已夠他目瞪口呆。「跟那些人開早會，滿口target，要做到這個那個目標。那種互相鼓勵的氣氛，好厲害，幾過癮。」祥仔看得津津有味。

保險產品有啥內容？怎樣跟客人傾談？怎樣寫計劃書？

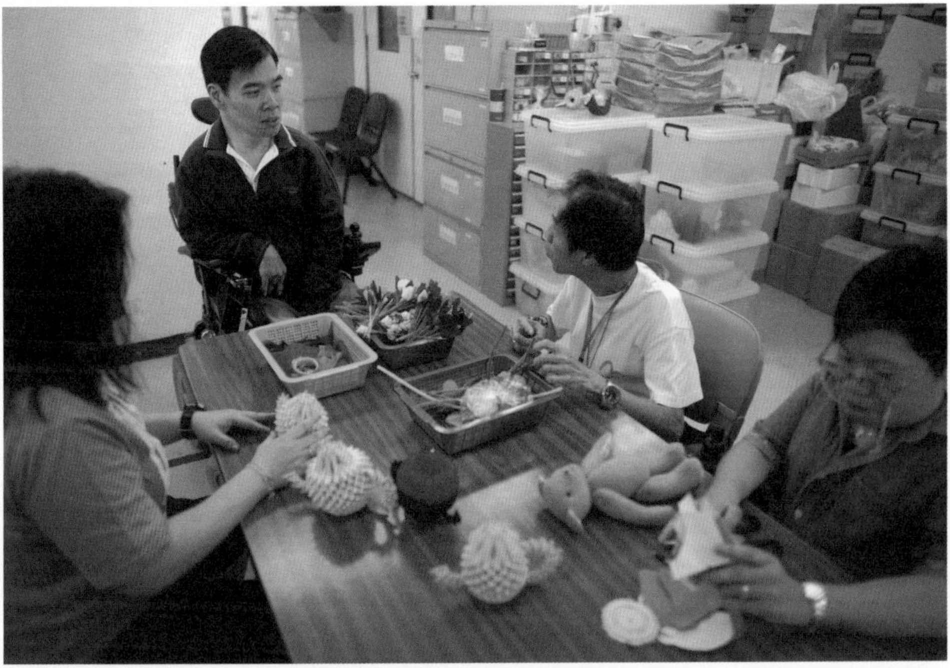

祥仔統統要花工夫學習。最難當然是成功簽約。「最初兩張單都是找工場朋友簽的，但總不能單靠朋友。老闆叫我下樓找人聊聊，但我連說話都不夠膽，惟有每朝出門前望鏡子練習：我是某某某，代表某某某公司，跟你介紹保險！練十多廿次，好大聲。」今時今日，他每趟演說前，仍然保留這個習慣。

祥仔開始駕駛輪椅在尖沙咀亂闖。「我那時好純真，連乞丐都派卡片，總之逢人都傾，開始建立信心。」他也找到闖出尖沙咀的門路——1A巴士。這條路線行走尖沙咀碼頭至中秀茂坪，途經油麻地、旺角、太子、九龍灣、牛頭角和觀塘；但最重要的是，它是當年尖沙咀的路線中，唯一一條有低地台巴士行走的。「我一日乘兩三次，司機見到怕，因為電動板開開關關容易壞。但他們見我幾可愛又單純，後來熟到你不信。」

他在1A巴士上遇過好多奇妙事。譬如，跟工廠夥計日日見面談幾句，人家最初覺得他古怪，後來跟他買意外保險。又譬如，有次輪椅的輪子鎖不上，裝修師傅在車程裏仗義幫忙穩住，祥仔趁對方走不掉打蛇隨棍上。

「他說不信保險，差點罵粗口，我說，不如通電話慢慢談。我以為那電話號碼是假的，翌日儘管試試，竟然打通，還約到他飲下午茶。」兩年後，這位好心腸的裝修師傅成功向保險公司索償數千元。「後來他還買了人壽保險，我們成為朋友。」

辦公室內有一塊板，把銷售額高的經紀公告天下，祥仔上板了。「做保險多少要有虛榮心——我有時好似為錢，有時為慾望，但最希望是別人肯定自己。」

別的經紀都羨慕，以為他的生意來得輕而易舉。「我也曾經自問：為何人家會跟我買保險？因為是傷殘人士所以多信你一些？我不認為是這樣。但若果你說，他們見我是傷殘人士，有少少可憐我，我不敢說沒有。這件事好難衡量。」

「開始時我還在意，別人買保險時，真的瞭解我推薦的計劃嗎？我真的幫到他嗎？後來做吓做吓，話之佢。」

漸漸地，祥仔的錢包添了幾張信用咭，跟朋友見面會不經意地提到自己有多厲害，用錢也疏爽了。這帶來一個副作用：「對人的真誠變低。我是知道的，會有少少不喜歡自己，但是錢沖昏頭腦，好快又變開心。」還有另一個人，不太喜歡那時的祥仔。「我媽說我變市儈了。」

一次我跟祥仔走在路上，忽然下起雨來。祥仔教我從掛在輪椅的背包裏掏出雨衣，連人帶輪椅為他整個蓋上。

我問：要是你約了客人趕着談生意時，忽然下雨了，怎辦？「沒什麼怎辦，冒雨繼續行。」做保險是辛苦錢，尤其是坐輪椅的殘疾人士。一次，客人遲大到，令祥仔錯過了低地台巴士的尾班車，不得不在街頭遊蕩到清晨，等候翌日開出的頭一班車。因為他的電動輪椅上不到的士。「那一晚我傻愣愣的，反覆問自己：這樣值不值？」

後來，祥仔每逢坐上1A巴士，都會打瞌睡。「我以為只是太倦了，但有一次巴士上一覺醒來，我發現自己睡在醫院。」是急性肝病，肝酵素很高，而且有少少糖尿病。「醫生說幸好我年輕，不然可以死掉。」然後，打敗仗的祥仔在醫院出出入入，最後應醫生建議在二零零四年辭工。「值不值」這個問題，原來身體自有看法。

被抬下1A巴士後，祥仔從全港第一位四肢傷殘的保險經紀，一下子被打成他最介意的綜援受助者。

我的殘疾我的權利

媽媽自小便告訴祥仔：有能力便不要拿政府的錢。她一輩子身體力行。即使在六十、七十年代最艱難的日子裏，人們一窩蜂地輪候這個那個救濟時，媽媽依然一介不取。

「事實上，我得過這麼多獎、這麼多人認同，全比不上我不拿綜援那麼令我高興。那時報紙寫我，都會用上『自力更新』四個字，我好喜歡。」這個「金漆招牌」成為祥仔半輩子的追求，推動他咬緊牙根一關又一關地

闖。但是一場病，逼使祥仔申領綜援，也把他從自尊的高點摔下來。

「我頓失方向，不知該怎麼辦，對啥都沒有興趣，終日躲起來百無聊賴。阿媽常鼓勵我，從沒放棄我，『路向』的朋友也來探望我，但我沒心思跟他們談。頹廢了一兩年。」

靜下來，竟然又令祥仔想通了很多。由二零零三年起，「路向」和幾個自助組織力爭「特別護理津貼」，促請政府資助有需要的傷殘人士聘請家務助理，讓他們能選擇重返社區居住。病後的祥仔抖擻精神，積極參與這場硬仗。「政府以為，有宿舍便解決了所有問題，那是很落後的想法。它沒錯為殘疾人士提供三餐一宿，但同時設下很多限制——頭痛吃一粒止痛丸要申請，約朋友見面又要申請，失去作為一個人的自主權。」

因為媽媽生病自顧不暇，祥仔曾經斷斷續續入住宿舍，對這個議題有切膚之痛：「如果我仍然住宿舍，你不會見到今日的祥仔，我會傻愣愣的不曉得自己在做什麼。那些由專業人員主導的規範，只是為了保障管理不出岔子，並非出於對人性的理解和尊重。」

爭取過程很漫長，但結果令人欣喜。二零零四年，大夥兒跟當時的衞生福利及食物局局長楊永強最後一次開會回來，向「路向」友好宣布好消息：政府接納發放特別

護理津貼的建議。祥仔好記得，當時從大家眸子裏迸發出來的快樂和感激。這之後，他更堅定地相信，真正的改變必須從政策倡議做起。「酌情權不是我們想要的，一項好政策才能真正令大多數人受惠。我們爭取的是權利。」

「權利」二字，對於祥仔來說曾經是外星人語言。當年他乞求路人推輪椅到梅窩沙灘時，心中壓根兒沒有這個概念。「那時我只希望人家可憐我。」祥仔從小就必須活在別人的協助下，人情冷暖看得很通透。「以前的人會用憐憫心，可憐你慘，所以幫你；後來教育水平提高了，社會說關愛。這是進了一步，但關愛意味着願意關愛就有，不願意就無。香港政府走得慢，推動政策也往往用上『關愛』這兩個字，我不喜歡。現在是二零一一年，不能再這樣停住腳步，西方國家都視這些為人權了。」

見你可憐替你推輪椅是同情，不求回報把你帶到夢寐以求的沙灘是關愛，這些都是好的，但是，今日的祥仔覺得都不夠。他認為殘疾人士本該有權走上暢通無阻的道路，不卑不亢，不用「唔該前唔該後」，更毋須依附於別人的好心。「從前因為資源問題做不到，但現在不該再用這個藉口。資源不夠便大家夾。況且，無障礙設施不只服務傷殘人士，社會上人人都有機會用到。」說到底，我們都有老去的一日。

祥仔終於跟自己受傷的尊嚴妥協，他一頭栽進義務工作裏，重新看到它的意義——「原來不是只有營營役役賺錢的才叫工作；義務工作都要有人做，社會才美。」

「我讀過一句話：社會的改變一定是由某個人開始的。這個信念我放在心裏很久，好深刻。以前我希望生活好些、媽媽好些，對社會事務不關心，總覺得有人會為我代言，替我發聲。但是我漸漸發現，這個社會走得很慢——為什麼說了這麼多年，無障礙設施依然不方便？傷殘人士即使找到工作，為什麼仍然無法跨過交通這一關？說白些，無論是政客甚至復康界本身都好政治化，好多利益。」

「我好清楚自己的方向，你們不講我自己講。」

從二零零六年開始，祥仔被委任進政府的諮詢架構，檢視復康政策。那是另一個大觀園。「原來即使能發聲都未必有用，委員會內都是政府自己友，我勢孤力弱。」但他說，自己會繼續說想說的和不能不說的。

一鼓作氣，儼如當日那個登月青年。

SIDE ROAD A ／服務初體驗 ←

祥仔第一次義務工作，並非病後的政策倡議，而是更早的醫院探訪。

一九九四年，祥仔首次跟「路向」成員探望新近受傷的工友，「那人跌斷頸骨，講不到話，我想來想去不知怎幫他，只跟他傾偈。」

那日離開醫院後，傷者的影像縈繞祥仔腦海，祥仔甚至等不及其他「路向」成員，逕自預約復康巴士，多去幾次探望他。「其實我不知這算不算幫人，總之我很想看看跟他傾談是否有用，也想知他為什麼會受傷。他能說話後，說我幫他很多，不知是不是隨便說說而已。總之我們做了朋友，直到五年後他過身。」

「這之前，我從沒想過自己可以幫人，我自己都一直要別人幫忙。」現在，祥仔依然每月訂下探訪日，坐着電動輪椅四出探望殘障朋友。

SIDE ROAD B ／從政？ ←

我問祥仔，可曾想過從政？原來已經有人向他游說了。他笑謂，查實自己一直在做區議員的工作，只差沒人工。然後，他很誠懇地說：「雖然我嗌得聲大大理直氣壯，卻始終因為沒讀過多少書，信心不夠。」

但讀書少，顯然不是前立法會議員兼理工大學講師張超雄的最大關注，他有份游說祥仔出選。張超雄跟祥仔在二零零四年爭取特別護理津貼一役並肩作戰，今日已不單純是有共同關注的戰友，更衍生了惺惺相惜的友誼。

張超雄說：「祥仔有一些很特別的素質——雖然受官方器重，但政府不講理時，他會直言批評；雖然得到很多銜頭，但又不太在乎，不計算個人得失。他能清晰地從殘疾人士角度考慮問題，堅定地拒用大度的妥協來討價還價。他似乎仍有一顆赤子之心，能我口說我心。在周遭的濁水中，我不知他是怎樣守持的。」

但是，這樣的人，不正正是最不適合從政的嗎？

張超雄頓了一頓，抖出三個字「不適合」。良久才補充：「現實裏不適合。但從另一個角度看，這樣才適合。那水已經渾濁得連身處其中的我們，都不自覺了。我們正需要（像祥仔）那樣的人。」

← 後記／遇壞人！

祥仔習慣把背包掛到輪椅背上，我問准他後，也依樣畫葫蘆。突然想起問：你可曾遇過小偷？「當然有！有次買了電腦硬盤，當日便給人偷了。」

他遇過的壞人雖然不多，但也夠刻骨銘心的。另一次，祥仔沒帶夠錢吃早餐，只能「馬死落地行」，明知很難，仍然掏出提款卡試着自己提款。好不容易完成一大串指定動作——插卡入卡槽、按密碼、作出提款指令、選取銀碼、再確認提款取卡……最後紙幣成功地從提款機中吐出來，可是，偏偏不偏不倚不高不低，剛好在祥仔觸手不及的位置。

好無奈。但事情的發展更氣煞人：無計可施的祥仔，請身旁一位西裝友協助提取紙幣。西裝友沒說什麼，拿了，然後走了，剩下一臉茫然的祥仔。

我聽後意難平，倒是祥仔敘述的語氣滿尋常的。他說完笑笑，然後一個加速，輪椅又跑在前頭了，我趕緊跟上去。每日都在過日子，計較得幾多？

ROUTE 12　李遠大

領袖是如何煉成的

李遠大

what tempers a great leader

文 → 陳曉蕾

李遠大有點累，坐在輪椅上沒談多久，就要家務助理過來，扶直身體深呼吸幾下才能繼續。

「這不是我的輪椅，昨天晚上在街上我的電動輪椅爆胎了，十一點，等了快兩個小時才能回家。」他抱歉訪問一直暫停。

助理再過來，輕輕幫他轉個姿勢。「對不起，今天狀態不太好，上星期從湖南回來後有點感冒。」李遠大是路向四肢傷殘人士協會的主席，從一九九六年到現在二零一一年，陸陸續續當了九年主席，不是主席的時候，也是副主席。

← 只有一卷保鮮袋

李遠大上星期代表「路向」，跟湖南的治療師和復康人員舉辦康復講座，並且和十多個跟他一樣脊椎受傷的病人分享生活經驗。其中一個男病人，他特別記得，連最基本的醫療物品：尿喉、尿袋、尿套也沒有，床頭上只放着一卷保鮮袋，就是超市裝水果的保鮮袋。那病人長期用保鮮袋包着小便的地方，用完一次，再包一個，那袋子會滲，會漏。

思緒馬上飄回從前，李遠大當年意外後最大的打擊，就是躺在「飛機床」上。那是一張特製的床，有兩面床板，把病人夾在中間，護士每兩小時把床翻轉，拿走一面床板幫病人翻身，希望病人避免生褥瘡。護士把李遠大伏在床上，面向地面，他突然發現自己失禁了！

「怎麼會連大便小便，也沒有感覺？」他看着護士處理那片尿布，上面全是自己的排泄物，眼淚一下子湧出來：「我覺得，自己好像變成一台『食物消化機器』，要人餵食，要人清潔，完完全全是一個廢人。」

「算了，我不想再走下去。」他當時，跌到谷底。

面對眼前的湖南病人，李遠大很明白，他這輩子可能都沒法用腳走路，要永遠躺在床上，就連每天最基本的大小二便也令人討厭，什麼自尊也沒了。「我問那病人，現在最擔心什麼。他說什麼都不擔心，最擔心是自己能不能處理大小便，還是一直要別人幫忙。我叫他相信我：『你一定行！』」

訪問再次中斷，幾個家務助理把李遠大的電動輪椅送回來了。李遠大坐回自己的輪椅，表情馬上不一樣，看來坐姿比較適合，呼吸也暢順了，終於能夠好好地談。

身體有限制，靠的就是各式各樣的工具。

李遠大發生意外，是一九八五年，差不多三十年前，所有醫療設施、復康器材，以至醫護人員的想法態度都和現在不一樣，這條路，漫漫長，他看得非常仔細。

← 海邊騎膊馬

一九八五年，李遠大當時二十一歲，除了做裝修，還修讀室內設計課程，開始自己做老闆接裝修生意。那天晚上，他和朋友去大嶼山宿營，在海灘上一直玩到凌晨兩點多。有人提議騎膊馬跳水，李遠大馬上爬上朋友的肩膊，一下就跳到水裏——可是那水才到腰部深，他手腳馬上不能動。

很想掙扎，可是動不了！

是撞邪嗎？會死掉嗎？恐懼如泡沫湧上來，心裏愈來愈害怕。

朋友以為他開玩笑，轉身去玩了。可是過了幾分鐘還沒見他上來，馬上拿照明燈去找，只見他半浮半沉在水裏，連忙抬到海灘，他的肚子漲大如懷孕，口吐白沫。朋友都慌了，一個抬手一個抬腳，幾個人趕緊把他抬出去馬路報警，再由直昇機送去醫院。

大家都以為他只是遇溺，沒想過他頸椎可能受傷，這樣抬來抬去，傷勢可能更嚴重。去到醫院，醫護人員也只當作普通遇溺，甚至進行了幾次心內壓急救，直到家人來到，才發現他突然沒有呼吸。醫院連忙照X光，始知道頸椎神經線已經折斷。醫生馬上把他送入深切治療部，搶救期間，好幾次危殆。

「整個過程，都像電影一樣，我依稀記得經過一些走廊，躺在床上迷迷糊糊，經過一盞一盞大白燈，完全清醒過來後，已經在深切治療部，身邊全部是儀器。」他在深切治療部一待，就是五十天。

呼吸系統的神經線受傷了，要依靠氧氣機，他喉嚨開了一個小口，不能說話，可是每次看見醫生、護士，他都馬上追問，努力張大嘴巴，說出：「我怎麼了？」沒有聲音，只有呼吸機在運作，咘，咘，咘。

也就沒有回答。

← **斷了電纜的電線**

醫護人員一味說：「行的，你慢慢來，努力一點做運動吧。」他惟有努力練習呼吸，不停地練習呼和吸的動作，並且練習閉氣，差不多兩個月後，才可以自己呼吸。擺脫呼吸機，不用插喉，他馬上開聲問：「我怎麼了？」

依然沒有回答。

「其實最初醒過來，發現自己不能動，已經很害怕。那時在八十年代，曾經有傷殘病人寫信給當時的立法局要求安樂死，那病人也是在水塘跳水時受傷的。我很怕會跟那人一樣，只是誰也不告訴我真相。」李遠大相信當

可是那水才到腰部深，他手腳馬上不能動。
很想掙扎，可是動不了！

是撞邪嗎？會死掉嗎？恐懼如泡沫湧上來，心裏愈來愈害怕。

時的醫護人員為免打擊病人的士氣，選擇不告訴他實際的病情。如今病人有知情權，醫護人員一定要告知實情，但他不肯定這對病人一定好，因為那打擊實在太大了。

沒人說實話，終於，是自己慢慢領悟。李遠大離開深切治療部，轉到普通病房，遇到很多情況相近的病人。有一個男人，無端端走過來說：「不用擔心，沒事的，你看斜對面那位病人現在已經可以自己推輪椅，可以勉強自己吃飯。」

李遠大當時一呆，心想怎可能？醫生也沒有說不能走路，怎可能坐輪椅？

斜對面的病人，因為電單車意外入院，已經住院好幾年了。然而看着身邊一個個頸椎受傷的病人，程度也許不同，只是沒有一個可以完全康復，心裏便曉得，未來並不樂觀。

「原來很多東西，不是努力就可以換回來。」

他很失望。

「你多做運動吧！」人們總是說。可是手也抬不起，腿也舉不了，做什麼運動呢？「你是不是太懶？不願做運動？」有病人甚至對他說。簡直一枝箭，直插心窩。

「最後發覺，我就像電線般，已經斷了電纜，根本動不了。」無論再努力，他僅僅頭部能動，還有左手能提起一點點。

第一次照鏡

日子很難過，四肢癱瘓，所有事情都得靠別人，連口渴想喝一杯水，也要付出很大勇氣和尊嚴，醫護人員只要回一句：「沒空。」語氣稍稍重一點，就會不開心好一陣子。李遠大躺在「飛機床」上發現自己失禁，那一刻，更是跌到谷底。不是沒想過自殺，但自己連手腳都動不了！

有一天，醫護人員推他去做物理治療，時間早了五分鐘，隨手把他放在門邊，自己走開了，醫護人員沒留意，門邊有一塊鏡子。在急症醫院，病人一個星期只能洗一次澡，李遠大在毫無心理準備下，看到鏡中的自己：頭髮蓬鬆，褲管被扯高，露出枯萎了的腿……到底是才二十一歲的年青人，儀容比什麼都重要，看到自己這個樣子，眼淚不由自主地流下。

那五分鐘好長，好長。

後悔，為什麼要逞強跳水？自責，為什麼會變成這樣？很多畫面不由自主地跳出來，傷心，無奈，不斷地自責，最恐懼的是：以後日子要怎樣過？當時離出事，

「我對自己說，如果前面的路要繼續走下去，
起碼要知道自己的樣子是怎樣的。」

已經大約四個月，其間不是沒想過這些，只是面對鏡中的自己，打擊更大更沉重，更加傷心、更加自責。原來谷底，深處還有更深。

以後日子要怎樣過？

完全沒有心機。

進到物理治療室，什麼動力都沒有了。醫療人員還在打氣：「放心吧，很多人在幫你的，繼續努力，不用擔心！」

他後來每次經過那塊鏡子，都會低下頭。一直到五、六年後轉到療養院，才敢抬起頭照鏡子。

第一次上街 ←

「最初三年，不時想放棄，有時很想努力，有時卻再也提不起勁，間斷地都會有自殺的念頭。」李遠大很坦白。直到有一晚，他夢見自己躺在棺材裏，家人朋友都圍住他，哭得好傷心。夢醒了，他對自己說：「不能再讓身邊的人傷心。」他也曾經怨天：「為什麼『殺人放火金腰帶，修池築路無屍骸』？我做了什麼錯事，上天要判我終生監禁？」那時有一個護士回答他：「如果世界上每個人都是一模一樣，事事都美好，還有喜怒哀樂嗎？」

李遠大認真地想了一整晚，也是的，人人都是李嘉誠，誰去開汽車？只是為什麼自己會是開車那個？為什麼會是受傷那位？

「現實就是不公道，每個人都會有自己的角色。同是四肢癱瘓，有的會生褥瘡，我卻不會，有些一輩子要用呼吸機，那個為何不是我？」他覺得始終要面對每個人都不一樣，個個角色都不同，才能建構成這幅世界大圖畫。

「開心又一日，不開心又一日。為什麼要讓自己不開心呢？」這真是香港人的「金句」，他就是如此，一步步令自己情緒穩定下來。

一般癱瘓的病人，情況穩定了，會被轉到療養院，李遠大卻一直住在急症醫院，原因令人意外：顧問醫生太疼他，覺得療養院品流複雜，不捨得他過去。一直到轉了顧問醫生，他終於有機會離開。

去到療養院，李遠大才知道應該早一點爭取過去。「至少洗澡的次數多了，自尊也可以提高一點。你試想想，在急症醫院的後期，兩星期才能洗澡一次。天氣熱，又沒有冷氣。」療養院可以隔天洗澡洗頭，有人幫他整理儀容，他才鼓起勇氣照鏡：「我對自己說，如果前面的路要繼續走下去，起碼要知道自己的樣子是怎樣的。」

在急症醫院，也有好心的護士放假時帶他出外，他那時連照鏡子也不敢，遑論上街，心情非常忐忑，很想離開醫院，可是又很害怕，走在街上，就算別人沒有望過來，他也會一直看別人有否望自己。「記得那次去一間酒樓，要把我抬上幾級樓梯，馬上就有途人圍着看。我心裏難過極了，覺得自己都不再屬於這世界了。」他回到醫院，心情更壞。

可是在療養院，病人可以每個月一次出外飲茶，幾個傷殘人士一起上酒樓，就大膽很多，別人望我？可能是望其他病友呢。能夠克服別人的目光，感覺比較自在，也就比較有信心回到社區。

還有，在療養院遇到很好的社工。原來李遠大合資格申請綜援，也可以申請電動輪椅，這些之前急症醫院的社工，都沒有告訴他。療養院的社工甚至鼓勵他申請公屋，只是手續還沒辦好，社工就調職了，新來的社工諸般刁難。

「病人一定要知道自己的權益，不能被動地等候。」這是李遠大後來熱心推動路向四肢傷殘人士協會的原因之一。

但在當時，他根本不曉得自己還能夠重返社會，只感覺在療養院，遇到很多很多的天使，其中一位，更成了他的終生伴侶。

← 遇上天使

李遠大的父母都當小販，小時候一直要幫忙開檔收檔，學校成績只是一般，他卻很喜歡看書，尤其是中國近代史。「看近代史，可以明白香港現在的處境，不過兩本《中國人史綱上、下冊》，我足足看了快兩年。」他苦笑，一頁書看完了，要待醫護人員有空才可以幫他翻過另一頁，往往一整天，只能對着同一頁。他也從中學到要把不開心的事，盡量講出來，他不斷跟別人說想看書，可是沒法翻書，終於問到第十個人告訴他，原來有電動翻書機，用頭部輕輕按一個鍵，就可以翻開新一頁。

有了電動翻書機，他一下跳進書海，暢快地游個不停。旁邊，一個剛畢業的護士，靜靜地看着他，她心想：「他好有學問啊。」李遠大和很多醫護人員都談得來，也有護士會在放假時帶他上街，可是跟這位剛畢業的護士，份外投契。他心裏翻來覆去：究竟可以給她什麼呢？什麼都給不了。前面的路會怎樣，當時根本看不清楚。自己會是真心的嗎？還是當人家是「水泡」？這段感情，會長久嗎？翻來覆去，猶豫不決……

比他小四歲的她，卻決定了：我們要在一起。她勇敢地用行動表白，甚至打電話到電台。那時ＤＪ車淑梅有個

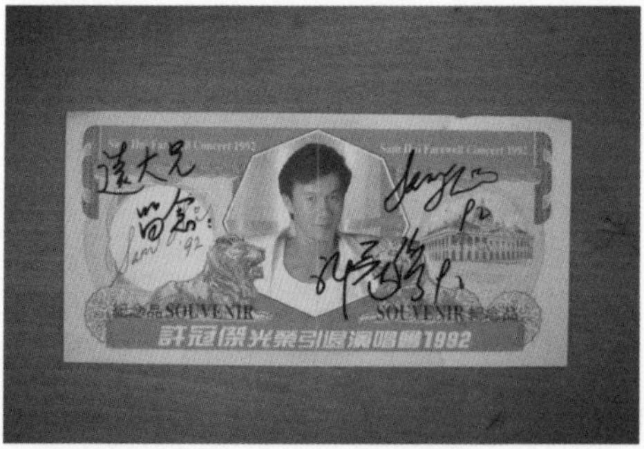

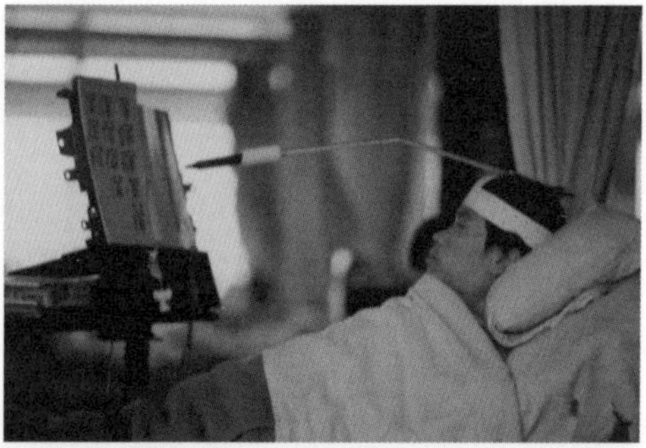

她知道他喜歡聽許冠傑的歌，
就打電話到電台，讓他可以去看許冠傑的演唱會。
當時這事還有記者報道，
大家都認為這護士對病人真好。

節目叫《夢想成真》，她知道他喜歡聽許冠傑的歌，又學習吹口琴，就打電話到電台，讓他可以去看許冠傑的演唱會。當時這事還有記者報道，大家都認為這護士對病人真好。

其實，她已經不再當他是病人。

他鼓起勇氣回應：讓我們在一起吧。

身邊不知道多少人反對：牧師反對，指李遠大不能像《聖經》所說要生育眾多。他特地問了其他牧師，都說這見解沒有根據。新來的社工反對，李遠大要申請公屋，社工諸多留難，拖足一年，甚至開口問他：你們做過愛嗎？

「最老土就是那個社工！」李遠大今天說起仍然很生氣：「我和她能否有性行為，關別人什麼事！」他倆堅決不回答，那社工就不批准，李遠大於是說：「你不批，不要緊，我可以找外面的人幫忙。」

當時他還沒加入「路向」，只是聽說有人曾經找立法會議員幫忙。社工隨即打電話，然後說上司要見他。結果那社工的上司，態度截然不同：「那上司很歡迎我搬出去住，說曾經有個病人年紀很大，也批准離院，因為可以回到社區，是好事。」才一個月，李遠大就可以搬到公屋，終於有可能開始小倆口的生活。

更大的反對，來自女友的母親，對方甚至揚言要拿刀斬他！「我見了她媽媽，可能我很有誠意，她也看到我在思想上，可以照顧她的女兒，慢慢地就接受了我。我一直很感謝她媽媽。」

李遠大決定要和女朋友一起去泰國五天。「我要人們知道，我是可以照顧她的。」他做足準備工夫，找電動輪椅可以進入的酒店，沿路要有無障礙的設施，打電話去航空公司查詢……「一切只許成功！」他說。

兩個人玩得很開心，本來以為只可以在海邊坐坐，卻原來上到旅遊巴，很多景點都能去。最「喜」出望外是：他跌倒了。

下斜坡時，沒留意地面有溝渠，輪椅的輪子一下卡住了，李遠大翻跟斗跌到地上。「她非常緊張，可是也很冷靜，馬上找人幫忙扶我回輪椅。」他很開心：「我們能夠相處，看到她那樣緊張我，原來決定在一起是對的，只要你肯踏出第一步，其他問題都可以解決。」

這大概是他這輩子，最甜蜜的一次跌倒！

那是一九九五年，這一年，他亦成為路向四肢傷殘人士協會的委員，次年當上協會主席。

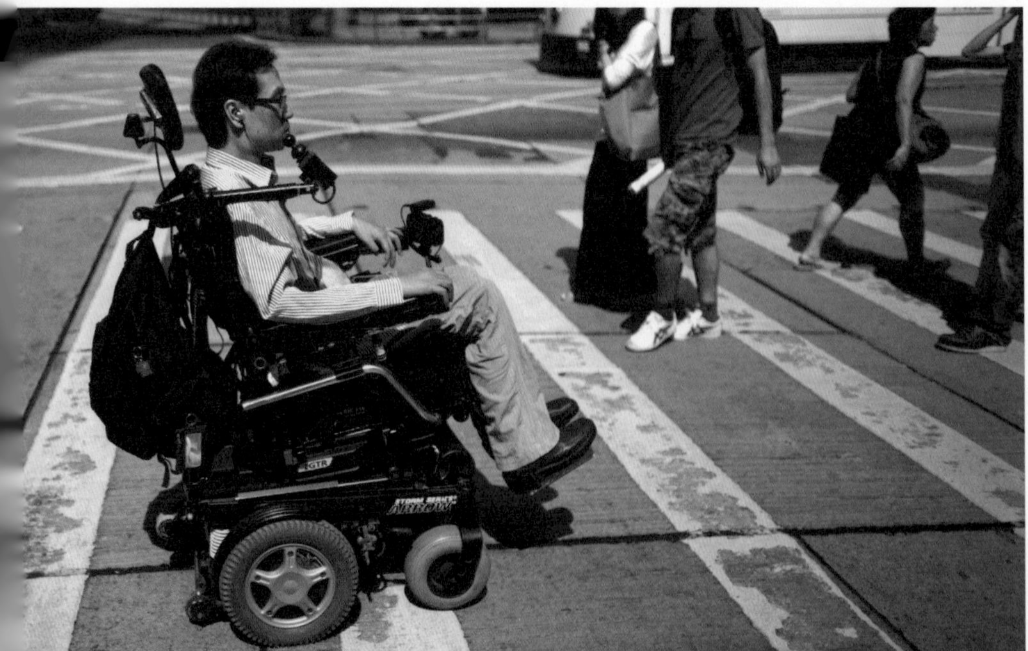

現在李遠大每星期都有幾天要回去「路向」，處理會務，還要代表「路向」跟不同的機構包括政府開會，擔任的公職包括康復委員會的成員、勞工及福利局康復諮詢委員會委員、無障礙小組委員、香港復康聯會委員會委員、肢體傷殘人士網絡召集人等等。「這就是我的事業了，希望能盡能力，減少其他會員走冤枉路。」他在一九九六年首次當上主席時，路向大約有二百名會員，二零一一年會員人數已經超過七百人。

他希望「路向」可以鼓勵會員互相幫助，會員進來不只是拿服務，而是要付出，以過來人的經驗，幫助新病人如何申請工傷賠償、去法律援助處申請免費法律援助、申請房屋、申請綜援等等。他深信，每一個病人，最終康復的目的，都是重返社區：「沒有人希望一輩子都困在鳥籠裏，雖然有時會害怕，但很多時是不知道外面的環境和社會可以提供的資源，如果他們知道，一定會說：『我早知道就出來了！』」

最近他們便打了一場硬仗：有四個病人在療養院住了二十多年，一直沒想過可以重返社區，李遠大和會友一起去探望他們，並且帶他們出外參觀。李遠大在公屋的家，理所當然成為「示範單位」，同區七、八個同是四肢癱瘓的鄰居也來了，一起在屋邨公園圍着聊天。

**「這就是我的事業了，
希望能盡能力，
減少其他會員走冤枉路。」**

「沒有人希望一輩子都困在鳥籠裏，
但很多時是不知道外面的環境
和社會可以提供的資源，如果他們知道，
一定會說：『我早知道就出來了！』」

這四個病人終於有勇氣離開療養院，然而，醫務社工卻不批准他們申請公屋，並且要求每人要有六千元儲蓄。

「那社工說要看他們的誠意，並且要儲一筆錢去應付社區生活。」李遠大很生氣：「可是他們根本沒有收入，每個人住院都要付錢，只剩下很少錢可以用來買日常用品，怎可能儲到這筆錢？」他叫「路向」的主任打電話給那社工，對方說了很多繞圈子的話，最後還是不再堅持六千元儲蓄。

四個病人，先後都搬到李遠大的家附近。「房署也是有心安排，覺得可以互相支援。」李遠大提起剛開始訪問時，幾個家務助理一起把電動輪椅送回來，那都是鄰居會員的家務助理。

會員除了透過互助，回到社區，還可以進一步幫忙別人——針對香港年青人自殺的問題，「路向」便構想了「生命教育」計劃，讓會員到不同的學校分享心路歷程。

「傷殘人士，不僅是受助者。」此刻的李遠大，滿有領袖的風範。

SIDE ROAD A ／女友：我是他的身，他是我的頭 ←

「療養院是我當護士的第一份工作。當時院裏也有四、五位癱瘓的病人，阿大（李遠大）是其中一個。

那些病人一般都對未來沒有希望，好像打算一輩子待在醫院，阿大呢，當時也沒有想過可以重返社區，可是他跟別人不一樣。

他說話很溫文，對所有人都很有禮貌，醫生、護士、物理治療師……人人都喜歡他，連離開了的同事，也會回來慶祝阿大生日。有一位物理治療師拍了好些大自然的照片，貼在卡紙上，再寫了一些字送給他；我有一些舊同學，在假期帶阿大出外吃飯；甚至有人送他電動翻書機。可見他人緣多好。

阿大是一個好的聆聽者，很會給人意見。

我也喜歡跟他聊天，有時比較空閒，例如派藥後、吃飯前後、快要交更……就會跟他談談。那時我也有追求者，有一次，我跟對方說：『中國人很慘，什麼都吃，什麼動物內臟都會吃掉，我寧可是外國人。』對方聽了沒反應。可是同一番話，我對阿大說，他卻回答：『你這樣想不對，從另一方面看，中國人很厲害，又聰明，會刻苦地吃一些別人不吃的，但也會聰明地想到怎樣去吃這些東西。』我沒想過呢，他這一說，就有了新的看法。

那時也給阿大『騙』了，以為他天天練書法，看字典，很有學問的樣子，我以為他是大學生。

忘記了認識多久，半年？幾個月？我就對他有感情。那時完全不會擔心，也沒有想太多，愛情不就是盲目的嗎？我沒有害怕，也不覺得需要害怕。阿大除了身體上不能動，什麼都可以自理，雖然他不是大學生，可是他的思維都比別人強，我其實沒有看錯。

阿大也不是一直生病，經常需要進出醫院，一個普通的家務助理就可以照顧他，我不覺得他是傷殘。我覺得，他就是一個普通人，跟他一起很開心，很自由，什麼都可以說，他很清楚我的想法，負面的東西，在他口中都可以變成正面。我覺得這比一般丈夫照顧妻子生兒育女那些，都更重要。

很多人罵我，勸我，說我笨，明知道不會有幸福也一頭栽進去，可我不是這樣想。我媽媽一開始，還以為阿大的弟弟是我男朋友，因為阿大幫不了我，就叫弟弟幫我，那時家裏開店，他弟弟幫我搬冰箱，搬這搬那的，媽媽簡直『流口水』。我心想：糟糕，她那樣開心，如果見到我真正的男朋友，會不會很不開心？

媽媽知道真相之後，果然很不開心：『我自己已經嫁得不好，為什麼你要走一條這麼差的路？』

『阿媽你不了解我，我找到一個很了解我、疼我，又會幫我解決問題的人，只是他不能動罷了。』我很堅持：『阿大不是一般的男孩子，他不是什麼都遷就我，而是會提點我。』

我媽氣得說要拿刀去斬他！

當然她只是說說罷了，我媽心地很好的。但有一段時間，媽媽很生氣，我一直下工夫，告訴她阿大怎樣好。幾個月之後，媽媽終於肯去見阿大。她去阿大的家吃飯，阿大很懂得聊天，媽媽跟他談過，就覺得他不是壞人，可是她仍然不想我跟他一起：『他雖然是好人，但不能給你幸福，你跟他做朋友就好了，他不能給你正常的婚姻。』

『阿媽，阿大幫了我很多，我是他的身，他是我的頭，他幫我安排事情，我幫他安排手腳。』我沒有聽媽媽的話。

後來大家常常吃飯，媽媽挺喜歡他的，很多年後，她跟我說：『阿大對我，比你對我更好，他善解人意，你常常跟我頂頸！』

『阿媽，你怎可以這樣說自己的女兒！』我扮作不高興，心裏其實很開心，媽媽終於接受他了。那時我們已經交往了七、八年。

我覺得自己是幸福的，阿大對我一心一意。雖然上街有點麻煩，不平坦的路去不了，例如不能去行山，但這些是小事。我們也一起去了很多地方，泰國、北京、英國、日本，都去過。

有一次，我們要去日本，上機前半夜三點我拉肚子，痛得在廁所暈倒，他不斷叫工人去看我，雖然他動不了，但他那樣緊張，讓我很感動。他說：『你支持住！快點出來呀！我們不要去日本了！』我說機票都買了，怎能不去，我不想浪費，可是他看我比金錢都重要。雖然他身體上照顧不到我，但精神上卻十分照顧我。

以前有牧師反對我們在一起，說跟阿大一起不能像《聖經》要求的『生養眾多』，我很反感，本來我有去祈禱會，聽了牧師這樣說就不去了。

阿大要搬出來自己住時，社工問我跟阿大的性生活。我很鄙視這個人，作為社工，為什麼要關心這些？不是想幫我，而是問這些八婆的事！

我一直不在乎別人的目光，小時候家裏窮，襪子破了我也照樣穿，就算同學笑，我也不管。

其實我也有想過當媽媽，三十出頭時有一刹那的衝動，因為阿大哥哥的小朋友，跟他一個餅印似的，我好想生一個，但生了小孩，會不會分薄了我對阿大的照顧呢？可能我迷頭迷腦照顧小孩，都不理阿大了。

我們一起很多年了，偶然我也回家。他有他的事業，我有我的，這樣很好啊。

他大我幾年，他的身體也一定會變壞。有時候我會想：如果我先走，他沒有我，可還有家務助理，可是如果他先走，我就慘了，沒有人照顧我！」

SIDE ROAD B ／萬能電動輪椅 ←

李遠大坐在他的電動輪椅上，就像是卡通片裏，小孩子變身鐵甲萬能俠。他用下巴貼着控制桿，輪椅就能左右擺動，向前向後駛都行。我跟着他一起出門，要小跑才能趕得上他。「電動輪椅大概時速七公里，比一般人走路快三倍！」他笑着說。

電動輪椅右邊的扶手，裝了一部電腦。控制電腦，用的是紅外線滑鼠。他在眼鏡框中間，貼了一塊灰色的圓形標貼，電腦有接收器，移動標貼，接收器就會收到訊息，等於滑鼠控制電腦。

如果沒戴眼鏡？「就貼在額頭上啊。」他理所當然地回答。他以前要用連頭箍的筆桿控制電腦，脖子很累，費用也很貴，這部紅外線滑鼠，是他在鴨寮街找到的，費用大約四千元，比之前的平了一半有多。

輪椅左邊的扶手，裝了一部相機。

「你猜我是怎樣拍照片？」說時遲那時快，他已經拍了一張照片——原來機關藏在腦後的靠背裏，那裏鑲了小枚按鈕，頭一頂，就可以拍照。這也是在鴨寮街找來的小法寶，才一百幾十元。他最近還找到一個軟件，可以用USB線連接相機和電腦，用電腦就可以完全控制相機。

半年來每天出門，他都會用相機拍下短片，紀錄沿路的無障礙設施，哪一區無法前往，更要拍下來向政府反映。

他還是第一個在輪椅上加裝了風扇。原來頸椎受傷的病人往往無法排汗，熱天無法散熱很辛苦，在輪椅上加裝風扇就大大改善問題，很多會友接着都裝了，這才可以熱天時在戶外活動。

輪椅一抬高，底下原來還有一部大喇叭！「音樂想播多大聲都行。」他眼睛閃過俏皮的神色。手提電話響了，李遠大早戴上耳筒，電話響兩聲就可以自動開啟，又連接了電腦，可以利用電腦打電話。他現在想的，是在

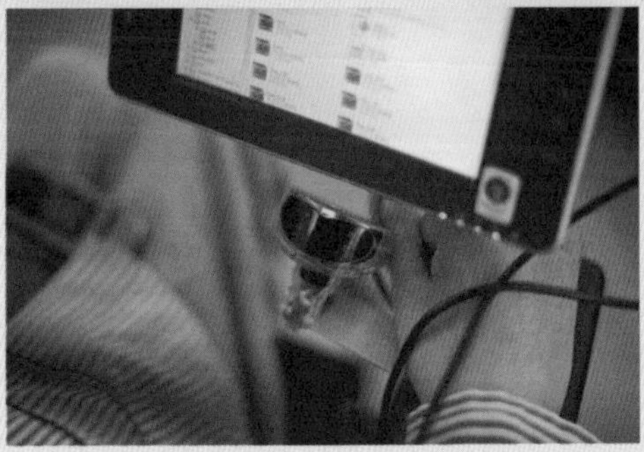

李遠大坐在他的電動輪椅上，
就像卡通片裏，小孩子變身鐵甲萬能俠。

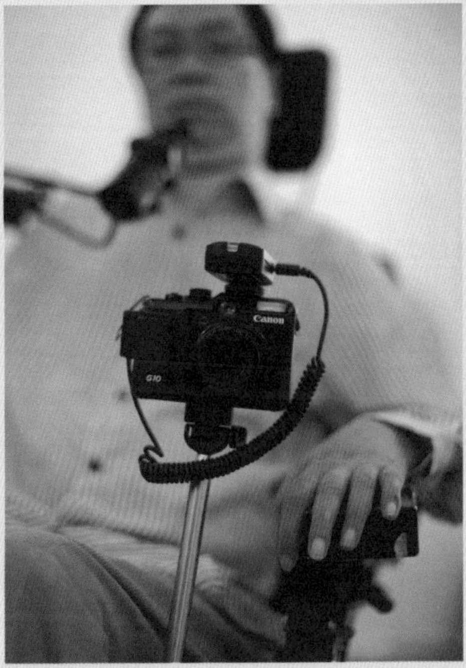

家裏裝上智能裝置，就可以用電腦或電話，控制開燈關燈、冷氣、電視等等家電用品。「雖然我的手不能動，但會否有其他方法可以解決這個問題呢？只要用心想想，就可以慢慢克服，找到資源配搭來改善生活質素。」他現在自己去外地開會，也沒問題。

只是像穿鞋子，就一定要家務助理或者女友幫忙。「太過複雜的，就沒有辦法了。」他理直氣壯地回答。

SIDE ROAD C ／但願協助內地 ←

李遠大正在想，如何可以幫助內地四肢癱瘓的病人。尿喉、尿袋、尿套等，都不是奢侈的醫療用品，而且可以循環再用，能否捐一批去內地？有病人的家人也好奇：香港用什麼通便？

「他們用的是一種水劑，擠入肛門，糞便與水劑會隨時排出來，這個方法有點骯髒。香港一般用的是甘油條，塞入肛門後要時間溶化，糞便五至二十分鐘後便會自動排出來，就能事先做準備。」他說當地人原先會期望香港人可以帶來很多「突如其來」的東西，讓他們一下子好起來，例如一些藥方和復康活動。但他覺得更重要是先和病人聊天，了解他們的處境。

李遠大最先參加「路向」的活動，就是加入探訪組，他一直很願意聆聽，並且很有耐心等候。「有些病人很負面，仍然不能接受癱瘓；有些人經過一段時間，慢慢地無奈接受了——這時求知慾變得很大，我要說明沒有什麼妙方神藥，但有些方法，可以幫忙保護自己的身體。」他會解釋如何減少褥瘡、肺炎、關節鈣化；如何用尿管、減壓等等，身體不一定能變好，但起碼不要惡化。

李遠大明白香港的社策和資源，跟內地不一樣，但他會讓內地病人知道香港的情況，希望讓對方有相對宏觀的視野，有更好的心境去經歷復康。

←

後記／男人最痛

李遠大不時會去學校分享，試過有頑皮的學生故意問：「你的性能力如何？」他淡然地回答：「頸部以下，都沒有感覺。」

在一些男人的世界裏，性器官就等於能力，失禁、不育，份外令人難堪。李遠大深明受傷後，其中一樣最難面對的，便是失禁，而無論和女友一起，或者申請公屋，都要受到牧師和社工的無理刁難。

他卻能以莫大的勇氣，成為領袖。

身體縱有傷殘，反而迸發更大的精神力量。聽到李遠大的女友形容：「我是他的身，他是我的頭。」除了感動，也重新認識這句源自《聖經》的金句。以前總覺得歧視女性：為什麼男人是女人的頭？可是放在這一對身上，誰還能說身體比頭腦次要？

在她眼中，看到的就是他精神上不屈的能力。

附錄一：
身心與愛慾

專訪鍾安明醫生

body, mind and love desire

文 → 伍成邦

如果你親手翻到本頁，值得欣慰！你的手仍然正常接收大腦指令。

翻書，看似必然的動作，對於癱瘓者來說，可以非常吃力。也許，他們需要一部翻頁機；更糟的，要別人代勞。能夠隨意拿起書本，隨手翻開，隨手合上，隨時拿出來，隨時放回去，全憑一己意願，多麼感恩！

誰也不保證四肢對大腦傳來的指令能「一世聽命」，常見的中風疾病便足以令人癱瘓；小心飲食、保持運動，可以減低中風性癱瘓機會，但像本書被訪者所遇到的折癱或萎縮，便是人生意料之外的無常。

瑪嘉烈醫院矯形及創傷外科顧問醫生鍾安明，一九八七年完成英國愛丁堡皇家外科學院專業考試，曾到英國愛丁堡、諾丁罕及倫敦西北的艾爾斯伯里Stoke Mandeville醫院受訓，學習治療癱瘓者的工作。二零零二年起，鍾安明醫生擔任路向四肢傷殘人士協會義務顧問，關心癱瘓者身心與復康狀況。

工作崗位上已經面對癱瘓病者，工餘時間仍去關注癱瘓復康工作，他認為自己猶如社會上默默耕耘的各種義工：「有些人選擇撿垃圾，有些會送飯給長者，我只希望出一分力去幫助別人。」

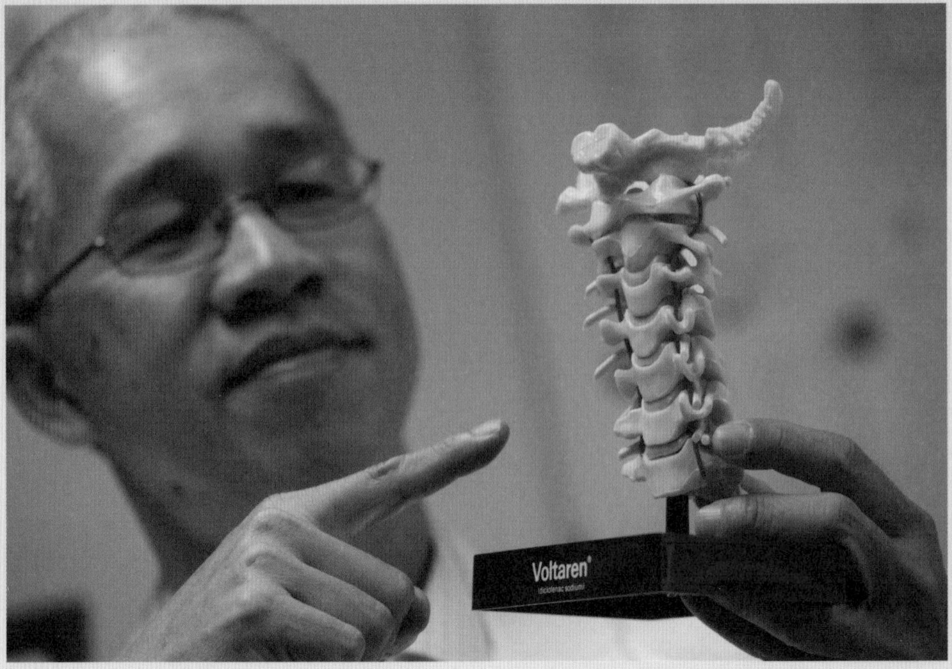

問：伍成邦

鍾：鍾安明醫生

← 分階段接受現實

問：你怎樣向病人解釋從此再也不能動的事實？

鍾：病人知道自己癱瘓後，通常抗拒接受，期望透過治療，恢復正常，譬如會說：醫生，你懂得治療，你做手術把我醫好吧。我們也不想把最壞的消息告訴病人，或會說：你會維持現況，再能動的機會不大，尤其全身癱瘓，復元機會很低。你在骨科裏算是最嚴重受傷，我們可以提供治療，你可以期望最好結果，但要有心理準備接受最差情況。我可以替你做手術，但不保證會復元。對於剛入院的病人，很難馬上判斷，他們仍有機會復元，只是機會不大，所以不會一開始就對他們說要一世坐輪椅。

問：突如其來的意外折癱，在生活與心理上有何變化？

鍾：有病人經過正常治療程序，癱瘓狀況沒有進展，便開始嘗試中醫或另類療法，如氣功等，這是正常反應。拒絕接受原本擁有的正常活動能力突然失去，其實是不能接受自己。

隨着時間，現實就是現實，只有極低百分比的病者可以局部復元，也許能夠移動兩根手指，但仍然不能使用，即使能提起筆桿也未能達到書寫所需的力度。然後，會進入另一個階段，陷入抑鬱，病人變得不開心，不說話，別人幫忙換尿片，顯得不耐煩，發脾氣，說些洩氣的話如「明天就去死，你讓我死更好。」

生活開始面對很多苦事，很憂愁，請人幫忙照顧生活瑣事已經不易，還有其他生活上的限制，性需要就更難以啟齒。由拒絕接受到陷入抑鬱，幾乎是病人必經階段，只是經歷的時間長短有別。

大部份創傷性折癱是年青人，從前正常活動，創傷後，以往很容易做到的事情，突然做不到。若果下肢癱瘓還算好，自己負責下半部；四肢癱瘓，便一定要靠人，上廁所也要靠人，大便太硬要塞甘油條，再不行要靠別人用手指「撩」出來，病者無奈要接受別人幫助，其實心裏很難受。

身體與心靈同時受創，可以比癌症患者還要難過。癌症有很多種，有些可以醫好，即使較嚴重，早期仍有很多療程可做，未到末期，仍可過着正常生活；但四肢癱瘓，畢生要靠人。想吃一件叉燒，要等人餵；想喝一口水，要等人拿到嘴邊。

問：有什麼方法可以協助癱瘓者盡快適應？

鍾：透過社區支援及復康治療，通常會慢慢接受自己，接受「新生活」，知道有什麼發揮空間，有什麼受到限制。有些人從此低調生活，有些活得較為開朗，服務社群，回饋社會，但關鍵在於先要接受自己。

我喜歡用「展能」這個詞語，將能力舒展出來。手腳不能動，可以用腦、用頭、用頸……我希望病人集中注意個人能力；若不斷注意失去什麼，什麼受到限制，那只會走進死胡同。當然，「展能」需要社會配合，如無障礙就業環境及公共設施，若到處都有梯級或門檻，他們連進也進不去。

問：四肢癱瘓者，如何跳出心理障礙？

鍾：在「路向」出任主席的李遠大，他初期像一堆放在床上的有機體，身體和臀部都被褥瘡侵蝕潰爛，經過復康治療和訓練，可以自行控制電動輪椅，到處走動；透過朋友、伴侶、社會，獲得很大成就和社會認同。

每當有癱瘓病人，我就會說：你身體是有問題，而且很嚴重，但再嚴重都要克服；透過治療及復康訓練，可以重過「新生活」，成功例子除李遠大，還有梁子微等，子微要用呼吸機維持生命，每天「甩喉」（裝拆呼吸喉管）仿似打仗，但她一樣取得博士學位。

四肢癱瘓者仍有獨立思想、有自尊，有自己想做的事情。如今可以借助科技，例如透過眼睛、肩膊活動等方法操控電腦。過程當然痛苦，且要努力練習，但能夠盡早跳出心理障礙，比怨忿、抗拒和抑鬱健康得多。更何況，文獻發現，癱瘓者擁有與一般人相近的壽命呢。

問：剛才提及癱瘓者的性需要，可否說明？

鍾：由於身體觸感較弱甚至完全失去，需要靠肉眼刺激，但癱瘓者未必完全失去性生活，當兩情相悅，還是可用視覺刺激。有癱瘓者仍可跟太太行房，但部份男性或有勃起功能障礙，例如有時會突然勃起，想要時又未必勃起，可用輔助器或者用手協助，泌尿科或職業治療師都能提供針藥或輔助；女性的性感覺與刺激陰蒂、陰唇有關，但人體性感覺，除來自皮膚，視覺和心情也有關係。

問：生育機能方面，癱瘓者的精液和卵子製造情況如何？

鍾：男性癱瘓後因為刺激減弱，精子質量稍差，當然婦產科有辦法篩選「精兵」；女性癱瘓後對排卵有影響，不育機會高；但醫學能提供不同選擇，如人工受孕，最近也有癱瘓者懷孕，但懷孕期很長，若完全沒感覺，危險度會增加；至於分娩，要靠子宮收縮，刺激很大，即使癱瘓者感覺不到，但刺激還是存在，多數需要剖腹產子。

← 癱瘓成因三大類

問：「路向」會員有哪些主要癱瘓成因？

鍾：癱瘓成因有多種，要簡化易明，可分為三大類別：

腦部問題——中風（Stroke）或Cerebrovascular accident，簡稱CVA：例如腦溢血或缺血性中風，嚴重者可致半身癱瘓。左腦中風便令右邊身體癱瘓；右腦中風便令左邊身體癱瘓，俗稱「半身不遂」。

腦癱（Cerebral palsy），簡稱CP：出生前後，因細菌感染例如腦膜炎或分娩時腦部缺氧而造成發育中的腦部活動神經區受到傷害，形成腦癱。

脊椎問題——創傷性折癱（Traumatic spinal cord injury）：「路向」會員有相當部份因突如其來的創傷而導致折癱，即脊骨折斷而傷及脊髓，導致癱瘓。若胸椎脊髓功能受損，下肢不能正常移動；若頸椎脊髓受創，則會影響上肢及下肢的活動能力。

感染（Septic spondylitis）：細菌或癆菌感染影響椎間盤或脊骨，有機會傷害或破壞脊髓神經，導致癱瘓。

脊椎退化（Spondylotic myelopathy）：隨年紀增長，軟骨出現退化，長出骨刺，若壓着脊髓，可導致癱瘓；但通常只會壓着神經根，讓手指感到有點麻痺。只有少數病人因為退化而令椎管變窄，導致癱瘓。

腫瘤（Neoplasm）：譬如血管瘤，若接近脊髓，當中畸型血管爆開溢血，會影響脊髓神經，導致癱瘓，但這類個案並不常見。

脊髓退化（Spinal Muscular Atrophy），簡稱SMA：脊髓性肌肉萎縮症，可發生在任何年齡，是一種染色體隱性遺傳病，導致運動神經元漸進退化，肌肉逐漸軟弱無力，但智商完全正常，原因未明，但大部份與基因缺失有關；還有一種極罕見神經線退化，像霍金（Stephen William Hawking），身體不能動，只可以眨眼，原因不明，醫學名稱為肌肉萎縮性側索硬化症（Amyotrophic lateral sclerosis 簡稱：ALS）。

周圍神經線及肌肉問題——例如重症肌無力（Myasthenia Gravis，簡稱MG），是神經線信息至肌肉之間傳導出現問題，通常是基因變異或自我免疫系統紊亂而造成。

問：可否解釋癱瘓與神經傳導關係？

鍾：當有念頭生起，例如，想移動雙手，念頭便由腦部經過脊髓，再傳到神經根，指令肌肉及雙手移動；倒過來，身體也有很多信息反方向傳遞，譬如指尖觸踫到一些東西，如冷、熱、刺、痛，便反向通知大腦，腦部會指令縮手，當然，信息來回是迅雷不及的速度。人體脊髓神經線比光纖更加精密，內藏無可計量信息。脊髓神經線及腦部在醫學上均屬中央神經線，極度複雜，即使有瘀血積聚都足以令它喪失功能，或產生信息傳遞紊亂。「路向」四肢癱瘓會員，多數屬於脊髓神經線功能喪失，癱瘓後，信息減弱，嚴重者甚至感覺盡失，沒有反應。

幹細胞未來希望

問：脊髓神經線受損，有機會修復或自行復元嗎？幹細胞研究有什麼進展？

鍾：創傷性折癱，到目前的治療經驗來說，復元機會仍是相當低。少部份癱瘓者，初期不能動，後來卻局部復元。可能因為做過治療，也可能傷者自行復元，情況好比扭傷，暫時失去活動能力，但身體會自行消腫復元，但僅屬極少數局部復元，他們肢體大多數未能回復「正常活動」。醫學上在幹細胞研究不斷有進展，幹細胞是一種原始而未特化的細胞，可變化成不同的特化細胞，例如神經線、纖維及肌肉組織等，醫學界及科學家希望幹細胞能變化成正常神經線，修補損壞神經組織。但脊髓神經線相當複雜，受傷後要回復正常極之困難。全球不同國家都在研究幹細胞醫治脊髓受傷的可行性，在動物試驗有些進展，但用於人類脊髓受傷後的修復，仍有一段未知的路。

附錄二：灌溉種子

文 → 伍成邦

Cultivating Bīja

初次與手腳不能動彈，事事要人照顧的癱瘓者交往，一些握手、交換名片等基本禮儀與社交動作，忽然不管用，有點手足無措，甚至徬徨。

還記得往路向四肢傷殘人士協會開會的場景：坐在輪椅上的會員，有些上身能作有限移動，有些只有頭部可以搖擺。我腦海浮現已故荷里活演員基斯杜化李夫（Christopher Reeve），他是我在電視裏看過最英俊的癱瘓者，但如此近距離接觸真實世界的四肢癱瘓人士，平生還是第一次。

再看輪椅裝上用途不明的電線、管道、顯示燈，我意識到，輪椅上的人，傷殘程度極嚴重，該如何交往？腦裏曾經閃過問號。

雖然經驗告訴我，平常心是道；但一股莫名沉重，從心冒起，且問自己，到底坐上輪椅，感覺如何？

於是請求試坐，尤其，我即將展開一段頗長日子的訪問，如能加深體會，相信有助採訪。我坐上一張可以直立，憑控掣桿推動前行的電動輪椅，在工作人員指導下，緩慢前行——坦白告訴你，心裏除了害怕，還有「從此被困」的恐懼，試坐十分鐘便離開這張輪椅，然後，連對話都變得小心翼翼，唯恐觸動傷心地雷。

未認識癱瘓者前，以為他們很脆弱；了解過後，方知最脆弱是我的無知；經過接觸，我很快明白，接受癱瘓者在肢體活動能力上有所局限便夠了，他們的日常生活確實存有很大困難，且需要幫助，但能否成為朋友，與癱瘓抑或健全無關，交往就像一般朋友，總會有些人比較投契，有些人的共通話題不多。

而最讓我感到好奇和吸引，是態度樂觀、經常微笑的癱瘓者。城市生活迫人，無論辦公室抑或家裏，笑聲笑意已不那麼容易找到，但眼前人全身癱瘓，卻不時展露陽光燦爛般笑容，不禁疑問，他們到底如何跨過逆境苦難，從身體障礙中解放自己？

我從一行禪師（Thich Nhat Hanh）(註1）所提及的，如何「培養健康種子」中找到重要提示。人的意識裏有很多種子(註2)，例如慈悲、包容、愛語、關懷等是善念種子；貪心、瞋恨、惡口、傲慢等是惡念種子。古印度有智者把心念意識大致分為五十一種(註3)，但當浮現於人的意識層上，其面貌可以千變萬化。

當內在同情心，遇上合適境遇，慈悲種子便會浮現；相反，當怨恨遇上有利條件，瞋恨種子便會發芽；但無論如何努力練習和轉化，善惡種子，一生都潛伏於意識，有些傳承自父母先祖，有些來自社會行為、學習環境等綜合因素而灑植心田，藏於意識。

當善念種子變成茂林，惡念種子便沒有機會發芽；當惡念種子不斷被灌溉，善念種子便被遮蔽而無法成長。生活態度，是灌溉種子的成果；而選擇灌哪些種子，便成就怎樣的生活態度。

《路向》被訪者的生活態度，能觸動心靈，他們不言放棄，回饋社會，毅力驚人，讓我再次看到意識的力量，也是一種心念的力量。

生命中遇上逆轉，好比身陷幽谷，到底是抗拒現實，從此一蹶不振，陷入抑鬱，活於晦暗；抑或選擇相信雨後陽光，從谷底再度出發，另闖新天？意外與逆境，也許無從躲避；但能否重新振作，是個人意識與心念上的選擇。

誠然，遭逢逆境，不是一覺睡醒就能樂觀積極，正因如此，每人都值得保護意識，豁出一片培植樂觀、積極、關懷、包容的種子，小心灌溉，當遇到人生無常或苦難，善念種子的力量，會成為度過情緒難關，甚至重新振作的元素。

常懷笑容，樂觀種子自會發芽成長；凡事先抱負面看法，悲觀種子便愈發強勁，繼而根深柢固。但種子猶如朋友，久久不見面，便在意識層裏漸漸陌生起來，甚至，大部份時間記不起了；若只在遇事時，利用她的存在從而減輕痛苦，那這段關係也難以持久，無法繼續支持所需。故此，種子要經常灌溉，才能扎根於意識心田。

本書受訪者是「路向」的積極會員，他們態度積極，有的是天生樂觀，但更重要是他們懂得經常灌溉樂觀種子；有些，是從苦難中領悟意外已經發生，倘繼續沉淪，會把身邊最愛的親人也扯進苦海，是內心覺醒，引領他們選擇積極，重新「站立」，以毅力克服障礙，回饋社會，以樂觀態度，感染別人，讓自己從新定位，活出意義。

從接觸「路向」會員過程中，最快樂的會員，往往是最能「接受」現實的會員——「接受」，看似簡單，但要做到，談何容易。

且勿論癱瘓與否，生活上，我們有多少不願接受的事實？微細如不接受扁鼻子、不接受生得矮、不接受父母行為，以至上司、同事、伴侶的性格和態度……我們習慣抗拒，更想控制，當情況不受控制，苦受隨之而來；倘四肢癱瘓成為既定事實，心存抗拒，同樣會把情緒扯進苦受深淵。

但「接受」並不代表放棄改善最壞情況，美國神學家尼布爾（Karl Paul Reinhold Niebuhr）有一段讀後令人印象深刻的《平安禱文》（註4）：

願上帝賜我勇氣，
改變我能改變的事；
賜我平靜，接受我無法改變的事；
賜我智慧，明辨兩者的分別。

Father, give us courage to change what must be altered,
serenity to accept what cannot be helped,
and the insight to know the one from the other.

By Karl Paul Reinhold Niebuhr
(1892-1971)

這位曾經努力把基督信仰與現代政治結合的神學家，在《平安禱文》中說明，接受「無法改變的事實」將得到內心平安；但他並不被動，所以開首即說：「賜我勇氣，改變我能改變的事。」有能力改變的事，還是要以無限勇氣，盡能力改變。

當然，精警金句在後頭：「賜我智慧，明辨兩者的分別。」倘人不能以智慧明辨甚麼能夠改變，甚麼不能，情緒便陷入苦惱交煎。四肢癱瘓，尤其突然折癱，從治療到接受為無法改變的事實，是肉體、情緒與智慧的巨大考驗。

訪談中，當遇上一臉樂觀的癱瘓者，他們的燦爛笑容與樂觀態度，猶如當頭棒喝，讓我一再覺醒，能夠「接受」，便是重新開始的起點——接受自己，不再活在懷恨或悔疚的過去，也不活在擔心和憂慮的未來，接受當下一刻，如實活着。

身體折損創傷，出現局限，令人不能正常生活，醫學上視之為「病」；而佛學所講的人生「八苦」之中，我一向認為「病苦」最苦；但苦樂本為一體，正因為有快樂，才知道有痛苦；人生如果沒有痛苦，便不曉得珍惜快樂。

每次重看書中故事，我會提醒自己，四肢殘障，仍可闖出新路，圓滿無缺者，又豈能活得沒有方向？做事遇到

註1：一行禪師（Thich Nhat Hanh），一九二六年生於越南，十六歲當見習僧，越戰期間從事和平運動，一九六七年美國民權領袖馬丁路德·金提名他角逐諾貝爾和平獎，一九八二年在法國南部建立「梅村」（Plum Village），是當今國際社會具影響力的僧人，出版包括《生生基督世世佛》、《你可以不生氣》、《正念的奇蹟》等逾百本著作，部份已譯成多國文字。

註2：種子，在梵文及巴利文同為Bīja，是一種譬喻，泛指潛藏意識，善念與惡念意識也譬喻為種子。

註3：按《佛光大辭典》把五十一心所列為大乘唯識家所立心所之數目。即觸、作意、受、想、思（以上屬遍行）；欲、勝解、念、定、慧（以上屬別境）；信、精進、慚、愧、無貪、無瞋、無癡、輕安、不放逸、行捨、不害（以上屬善）；貪、瞋、癡、慢、疑、惡見（以上屬煩惱）；忿、恨、惱、覆、誑、諂、憍、害、嫉、慳、無慚、無愧、不信、懈怠、放逸、惛沈、掉舉、失念、不正知、散亂（以上屬隨煩惱）；悔、眠、尋、伺（以上屬不定）。

註4：出自神學家尼布爾的《平安禱文》，另一流行版本為：
God grant me the serenity to accept the things I cannot change, courage to change the things I can, and the wisdom to know the difference.

障礙，除了外在因素，可有反思是毅力與堅持力度不足，抑或過分執着，抗拒接受不能改變的事實。甚至會想，每天醒來，仍可以隨意走動，自由呼吸，是何其感恩的事；人生，能夠擁有大致健康的身體，似乎已沒有太多事情值得抱怨了。

←

記於增訂版前夕

《路向》每位主角的故事，都是鼓舞人心的生命印記，此書等候初版面世期間，想及主角們若要在書上簽名留念會有困難，於是，故意提前請他們傳來「簽名」——當然，那是活動能力被局限之下，以手繪或電腦輔助而成的效果，然後，我為每人訂製一個原子印，印象較深是蘇永通傳來的「通」字印，很具標誌性和意義，彷彿反映「通仔」內心對「通達四方」的渴求；還有，已故梁子微博士，頸部以下完全癱瘓，卻用電腦製作了「鐵鍊囚禁蝴蝶」的圖案，認識子微的朋友都知她外號「鐵蝴蝶」，這蝴蝶「簽名」就如她的生命故事一般震撼。出版後，每位主角都有自己的印章，在書會中為讀者「簽名」，感覺就像他們每位都為此書劃上圓滿印記，永誌不忘。

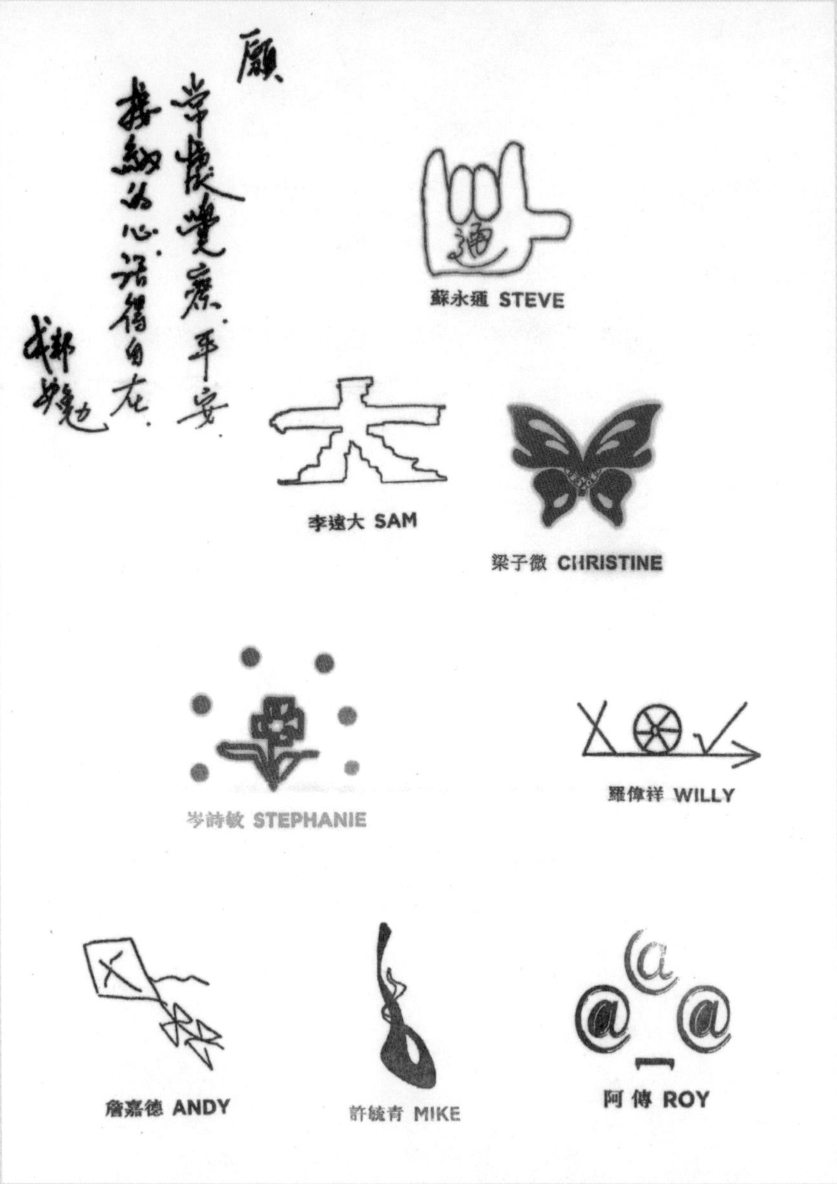

本書初版八位受訪者的原子印簽名

十年之後：增訂版補記

陸嘉明／路向四肢傷殘人士協會總幹事

ten years later

暑假是年輕人上山下海的好時機，但在一九八五年八月的一個暑假，一位只有三十二歲的年輕人，原本正與太太熱切期待新生命的到來，卻因一次無情的意外，改變了這位年輕人的人生。這次意外不但摧毀了這個美好的家庭，更摧毀了一個小童應有的童年，縱使年輕人再努力，也抱不起他剛出生的兒子，而這個年輕人就是我的爸爸。

路向四肢傷殘人士協會（前身路向義工團）出現於一九八五年（正式成立為一九九一年），對我來說，好像它就是和我一起誕生，和我一起長大。從小我們一家就在「路向」當義工，享受助人自助所帶給我們的無比滿足感。二零零四年，我更當上「路向」職員，繼續我們的使命。

二零一零年《路向》一書開始籌備，那也是爸爸突然離開大家的一年，我相信如果爸爸當時尚在人間，可能他也會是書中的其中一個主角，至少在我心中，他永遠是守護我們一家的生命鬥士。

轉眼間，到了二零二零年，十年光景，《路向》增訂版即將面世，有幸撰寫後記，重溫《路向》第一版，心情倍感複雜。書中有「由細睇到我大」、「由我睇住佢大（受傷後的新生命）」，也有已經離我們而去的生命講師……雖然如此，但他們助人自助的精神，永不止息。

書中每位主角，對我來說亦師亦友，他們自強不息的經歷正是我和爸爸成長的經歷，但人總會累，總會想停下來吧？然而他們的生命力卻源源不絕，更為我們不停注入正能量。

最深刻認識的「鐵蝴蝶」——梁子微博士，她的一生充滿傳奇，永遠以最堅強最美麗的一面示人，雖然她最終於二零一九年五月二日不敵病魔離世，但她生前拚了勁與病魔對抗到最後一刻，活現了她的真本性。

另一位生命講師詹嘉德，少年時是一名運動健將，跟他認識於一次偶然的工作機會，他一直堅持工作，自給自足，不依靠任何人，憑著個人意志打拚，可能就是十三歲經歷了人生巨變，培養他對事情堅持及執著的精神。可惜，這位生命講師最終也不敵病魔，離我們而去。但他刻苦耐勞的性格、美妙動人的歌聲，將長伴我們的心裏。

李遠大、羅偉祥這兩個讓人熟悉的名字，是「由細睇到我大」的良師益友。他們除了讓人第一時間聯想起「路向」之外，其影子亦一直在香港復康界徘徊，他們不但積極人生，更加充份發揮「使用者參與」的原則，給予很多傷殘人士有關福利事務的寶貴意見，更加關注殘疾人士就業、無障礙社區、社區支援等議題，以「康復社區」為方針，建立共融社會。早年前，兩位摯友都先後因病而暫緩了「路向」的義務工作，「路向」全體上下都十分憂心，幸而上天眷顧，兩摯友都「大步檻過」，現在都精神奕奕，重披戰衣，貢獻社會，值得鼓舞。

而許毓青、蘇永通這兩位朋友則是「由我睇住佢大」，還記得當年初出茅廬，面對兩位年輕有為的青年，因為意外而導致四肢癱瘓，經驗不足的我，幸得他們不「嫌棄」而且信任，與我一同成長，慢慢一同重投社區。近年，他們更踏上舞台，以出色的演技及動人的歌聲，分享生命的奇妙。他們亦都加入了「路向」執行委員會，分別成為委員及副主席，繼續貢獻社會，服務香港。

岑詩敏是一位出色的生命講師，她的生命故事，讓人讚嘆，她的出生可謂是「倒數的生命」，雖然如此，她勇敢樂觀的性格，卻打破了醫生的「判詞」，不但突破了只有二十多歲命的預言，更加實現了她二十五歲前的「生命清單」。積極樂觀的她總是無法停下來，沒有受薪工作的枷鎖，更加醉心於志工工作，跑到各間學校分享生命故事，為年輕人帶來生命的另一番體會。近年，她更擔任友會主席一職，讓她走到更前，更忙碌。人生就應該如此吧，讓有限的生命，做出無限的事情。

袁禮傳是一個十分獨立的人，我甚少有機會與他接觸，但相信一接觸都一定是他處於極度困難的時候，他是一個十分客氣的人，不為別人添煩添擾。但每次我煩他，他卻總會熱情的招待我，能夠幫忙的，他都會盡力幫忙。近年，我和他及幾位輪椅朋友，往澳門演出「生命彩虹音樂劇」，我和他也是舞台初哥，面對過千觀眾，已感到萬分壓力，但當日的經驗到現在也令人回味，他處事認真的態度，也感染著我認真面對每個挑戰。

不經不覺，「路向」踏入三十周年新景象，《路向》增訂版亦隨之誕生，並加入陳嘉敏、嚴楚碧、馬汐曉、柳冕四位輪椅朋友的生命故事，他們同樣以不平凡的人生經歷，活出平凡而精彩的生活。十年前後，社會對傷殘人士的想法有沒有改變？是同情？是可憐？是鬥士？是英雄？看過此書的朋友，相信都知道輪椅朋友並不希望得到別人同情，亦不希望成為英雄偉人，而是希望大家以平常心對待。我們希望大眾能擴闊眼光，用不同角度，以一般人的相處方式相向。畢竟，輪椅就如眼鏡，只是幫助我們活得好一點的工具。我們不會說跟戴眼鏡的朋友共融，因為原本就沒有分開彼此。

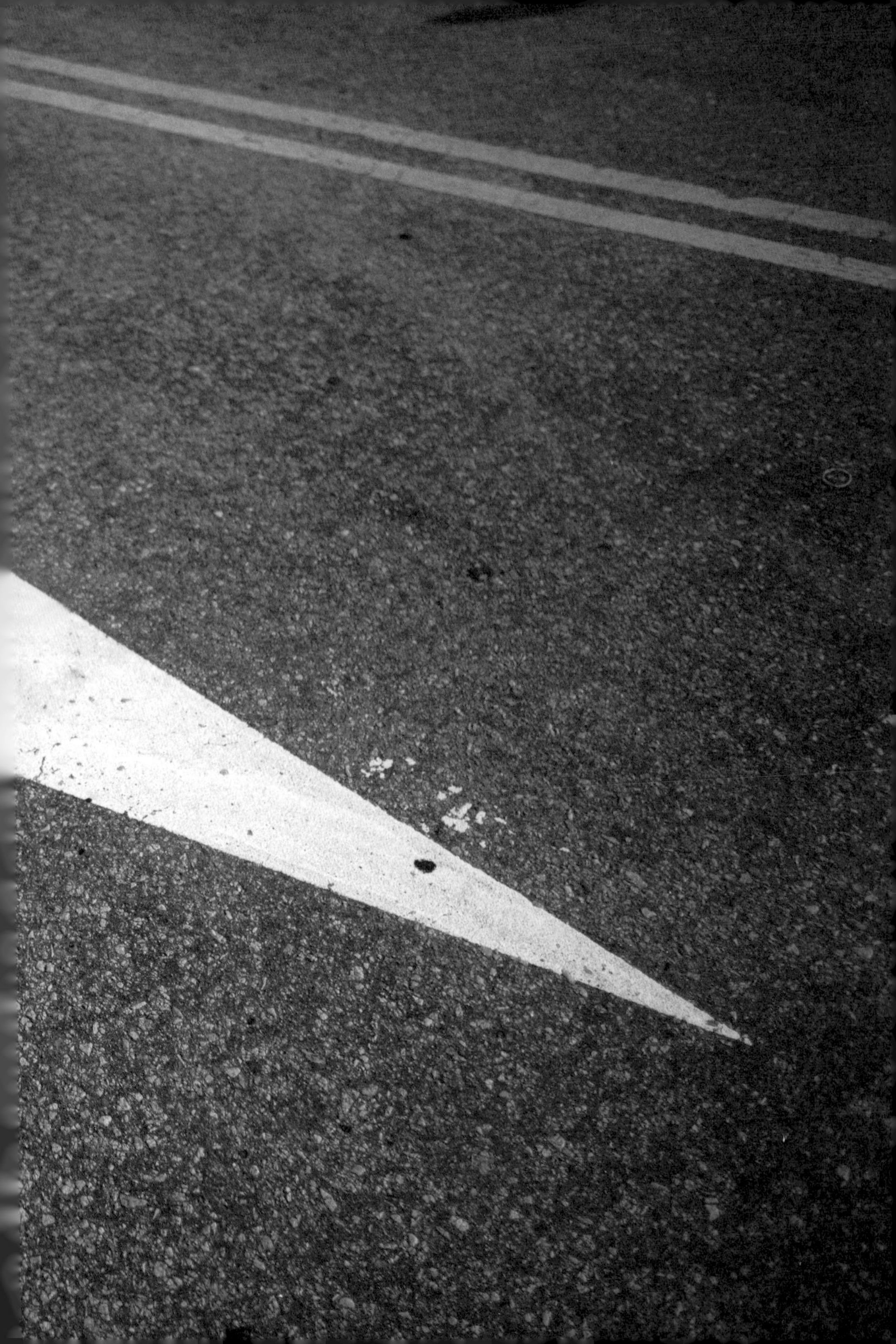

書內鳴謝（初版及增訂版）：

路向四肢傷殘人士協會 —— 社企小組成員
李遠大主席、梁子微博士、羅偉祥先生、全秀霞小姐、淩浩雲先生、蕭美鳳博士、文樹成先生、劉偉康先生、馬亮生先生、陳上忠先生、黃雋彥先生

社聯滙豐社會企業商務中心、三聯書店（香港）有限公司、CoDesign Ltd

伍成邦先生、蘇美智小姐、陳曉蕾小姐、林亦非先生，鄭美姿小姐

劉德華先生、周一嶽醫生、羅蘭女士、蘇樺偉先生、鍾安明醫生

賈思樂先生、Well fit好合拍製作有限公司、曾明偉先生、海港城

愛心聖誕大行動（南華早報及香港電台合辦）

路向 DIRECTIONS

增訂版

責任編輯　莊櫻妮
書籍設計　CoDesign Ltd

協　　力　寧礎鋒
封面設計　姚國豪

著　　者　伍成邦　陳曉蕾　蘇美智　鄭美姿
攝　　影　林亦非（部份相片由受訪者提供）

出　　版　三聯書店（香港）有限公司
香港北角英皇道499號北角工業大廈20樓
Joint Publishing (H.K.) Co., Ltd.
20/F., North Point Industrial Building,
499 King's Road, North Point, Hong Kong

發　　行　香港聯合書刊物流有限公司
香港新界荃灣德士古道220-248號16樓

印　　刷　美雅印刷製本有限公司
香港九龍觀塘榮業街6號4樓A室

版　　次　2011年11月香港第一版第一次印刷
2020年10月香港增訂版第一次印刷
規　　格　特16開（149mm×210mm）280面
國際書號　ISBN 978-962-04-4729-7

三聯書店
http://jointpublishing.com

JPBooks.Plus
http://jpbooks.plus

30th ANNIVERSARY 30周年
攜手互助三十載・並肩同行創未來